知汉系列
zhihan Series

01

戴波 著

帝国的兴起

中国文史出版社

图书在版编目（ＣＩＰ）数据

帝国的兴起 / 戴波著 . -- 北京：中国文史出版社，2019.8

（知汉系列）

ISBN 978-7-5205-1150-6

Ⅰ . ①帝… Ⅱ . ①戴… Ⅲ . ①中国历史—古代史—通俗读物 Ⅳ . ① K220.9

中国版本图书馆 CIP 数据核字 (2019) 第 125175 号

责任编辑：秦千里

出版发行：中国文史出版社

社　　址：北京市海淀区西八里庄 69 号院　邮编：100142

电　　话：010-81136606　81136602　81136603（发行部）

传　　真：010-81136655

印　　装：廊坊市海涛印刷有限公司

经　　销：全国新华书店

开　　本：32 开

印　　张：6

字　　数：80 千字

版　　次：2019 年 10 月北京第 1 版

印　　次：2022 年 8 月第 2 次印刷

定　　价：28.00 元

博浪沙

破釜沉舟

乌江自刎

擒韩信

自序：众生的悲苦

两年前我受一个问答平台邀请，去回答一些网友提问的历史知识。那个平台受众庞大，覆盖了各行各业、各个阶层、各种文化水平的人，因此问题也五花八门，经常令我哭笑不得。

比如有人关心的问题是：隆中对是不是泄露了天机，推背图里究竟藏着什么秘密——我总结这是历史玄学爱好者。有人关心的问题是：清朝为什么要篡改明史，西方人为什么不承认夏朝——这大概是历史民族主义爱好者。又有人关心的问题是：秦始皇的父亲是不是吕不韦，为什么有人给纣王、隋炀帝洗白——这毫无疑问是历史八卦和正能量爱好者。还有朋友关心的问题是：刘邦刘秀刘备，究竟谁更厉害，徐晃二十回合输给颜良、又战平关羽、为什么关羽能秒杀颜良——这显然是历史演义化爱好者……

时间一长我就在想，历史从广义上来说真的毫无门槛，但凡读过一点点沾边的内容，都可以说自己对历史有所了解、很是爱好而不必太脸红。尽管各说各话，你又似乎不太能否认他们所关心的内容不是历史。

而从哲学的角度来说，历史只有两种，一种是"发生的历史"，即真真实实在时空里曾经演绎过的人、事、文化，而另一种称作"描述的历史"，所有我们接触的、感知的、学来的、掌握的、传授的，大约都是不同描述下的前人与前事。

将近两千年前，一个读书人背负父亲的遗命，走遍秦始皇巡游的路线，遍采众多典籍和传说，开始描述他眼中、耳中和口中的历史，这个人叫做司马迁。

时隔两千年后，我在那个平台看到了不少对司马迁的批评，大约代表了一部分业余的历史爱好者。他们普遍认为太史公写作《史记》的时候，故意夸张、有失偏颇、写得跟小说似的，用他们的话来讲："根本不能称之为历史。"

他们这么说是有所谓证据的，所以振振有词：说刘邦的母亲和龙交配，这不扯淡吗？项羽垓下一战写得细节颇具，仿佛亲临现场，这不瞎编吗？陈胜说"失期当斩"，可云梦睡虎地秦简的《徭律》明明说只要罚款，这不造谣吗？

看到这些批评的时候我往往只好沉默，但又总想着写点什么，以便跟不仅限于发泄而是真正想解惑的人聊聊，这是我写这本书的初衷之一。

汉朝，尤其是汉初历史，不像后来的宋元明清一样，史料丰富，基本上只能主要采用《史记》的说法。而司马迁本人创作《史记》，又相当一部分资料来源于高祖刘邦时期功臣陆贾的《楚汉春秋》。

《楚汉春秋》不可能是一部十分严谨的史学著作，因为陆贾的身份，他少不了歌功颂德、隐约其事、为尊者讳，以及采取成王败寇的角度。这就造成了众多历史事件的扑朔迷离，玄而又玄，比如鸿门宴、霸上封侯、韩信拜将、吕氏之乱等等，留下了许多待解的谜题。

博采众多秦汉史大家的观点、通过诸多最新论文成果以及一些我个人的考释来试图拨开迷雾，尽量还原这些事件的本来面目，这是我写本书的初衷之二。

市面上写汉史的书不少，我也看了不少，遗憾有两点：要么专业到枯燥、要么流于口水观点，这两个问题，都是我在本书中努力去避免的。

说了这么多，其实我也不过是在描述我所以为的历史，如果还有什么值得强调的，那就是叙事风格。中国的历史书，习惯了英雄叙事，习惯了写王侯将相的家书，而在我眼里，个人都是渺小的，帝王也好，世家也好，平民也好，在帝国的起与灭、时代的兴与衰里无一不是被驱使着前进的蝼蚁，我希望您读此书，除了了解历史之外，还能读到大时代下每个人的无奈，能读到众生渺小又实在的悲苦。

目 录

第一章　帝国兆基

公元前 221 年，一个年近不惑的男人坐在皇帝的宝座上，看着百官拜倒在脚下，露出骄傲自得的神色。

他当然有资格骄傲，因为他刚刚用了不到十年的时间，就消灭了中原大地上所有其他的诸侯国。那些诸侯动辄立国数百年，根基不可谓不强固，财力不可谓不富足，君臣不可谓不齐心，士卒不可谓不尽力，然而在他势如破竹的大军进攻下，统统没有丝毫的招架之力。

"鲸吞天下"，四个字是那么地精确形象。这个男人从十三岁即秦王位，二十二岁亲政，剿灭叛乱的嫪毐、铲除权相吕不韦，然后如巨鲸吞水一般，亲手打造了一个前无古人的统一帝国，迅速结束了这片土地上数百年以来的纷争。

既然他达成了前无古人的成就，那么问题也就来了：该如何让天下子民称呼自己？

在统一天下之前，他被叫做秦王，如今，单单用一个"王"字，显然无法体现他独一无二、亘古未有的功绩和尊崇。

有鉴于此，群臣的建议是，天地间最尊贵的无非是天皇、地皇和泰皇，而泰皇即是人皇，人中最高。因此您作为天下共同的唯一的主人，自然 而然也应尊称为泰皇。

而新有天下、志得意满的男人并不满足袭用现成的尊号，如同建立一个新时代一样，他需要创造一个从未有人使用过的称呼。

古有三皇、又有五帝，而在他看来，自己的功劳，显然要比这些传说中的圣贤更为卓越。

"皇"和"帝"，他要兼而有之。

从即日起，普天下万民，都应该称呼其为"皇帝"。他下令。

他以皇帝之威严，同时废除了一项自周朝以来就有的古法：谥法。

所谓的谥法是指：过去君主死后，儿子和大臣要按照他生前的行为给他评定一个谥号，作为褒贬。但这位新皇帝觉得，这项制度是鼓励儿子议论老子，臣子议论天子，有以下犯上的嫌疑。而他作为一国之尊，天下共主，行为自然有天然的正当性，岂容别人置喙。所以他宣布：自他开始，废除谥号，无论他是生是死，都是始皇帝，继承这个帝位的则是二世、三世、四世、五世……直到万世。大秦的天下要世世代代，无穷无已。

这个从此被称为秦始皇的男人，那一刻正直壮年，他坐在皇帝宝座上构思着大秦美好的蓝图时，万万没有想到，大秦和他自己的死期，都在用肉眼看得见的速度疾驰而来，而他计划好的三世、四世的名号甚至都没来得及用上，更遑论万世了。

仅仅十五年之后，统一的帝国又将分崩离析，寿命短得有些讽刺。

但换个角度来看，虽然这个崭新的王朝很快将灭亡，但它其实并没有完全消失，而是以另一种方式继续活了下去。秦始皇此刻定下的众多制度和文化，将被之后的历朝历代不断继承和发扬。换句话说，胡亥只是秦朝宗族意义上的二世，汉朝才是帝制的二世，如此，则直到两千多年后清朝的结束，才是大秦帝制真正的生命终点。

这就是为什么说汉朝，总要不厌其烦，往前回溯到秦始皇的原因。

没有秦朝在制度上的开创和馈赠，汉也将很难成其为汉。

关于制度，左丞相王绾首先站出来向秦始皇提议：我大秦已不再是西方一隅，如今四海一统，疆域辽阔，像东方的燕、齐、楚地，离京城咸阳有数千里之遥，不容易镇守，请陛下将这些地方分封给各位皇子，立他们为诸侯王，作为京城的屏障。

王绾的看法代表了周朝以来的一种传统思维，即需要把天下分割成若干份，赏赐给亲族后代，由他们去治理收税、在地方上握有军队镇守，这样无论是四周的蛮夷侵犯，还是任何一个地区叛乱，其他诸侯王都可以发兵平叛，来护卫京城。尽管秦国在统一六国之前，自己的故土里早就实行了郡县制，没有分封诸王，但王绾仍坚持认为，新征服的六国领土，需要用分封的方式去统治。

秦始皇听完不置可否，令百官讨论。这时从列中站出来一位年过百半的老者，正是廷尉李斯。

李斯摇头道：王丞相此言差矣，分封已不符合当今时势。

他道：当年周武王伐纣、周公东征后，就曾大封功臣和亲属，诸侯王国林立。然而时间一久，血缘淡化、亲情淡薄，齐、赵、楚、魏各国为了一己私利互相攻伐，这正是之前数百年间争斗不休、没有宁时的原因，多亏了陛下神勇，才终止战乱。如今秦国施行郡县制，各地郡守都由朝廷派遣，容易操控，这正是治安之道。为何要恢复到诸侯王的时期呢？

秦始皇也点头道：廷尉所言极是。先前战乱不休，正是因为有诸侯的存在，如今再立诸侯，无异于重新树敌。

秦始皇和李斯的观点则符合进入战国之后，各国变法的实际需求，他们讲得完全没错，后世将有无数惨痛的反例来证明其正确性，这是后话，暂且不提。

值得一提的是此刻还只是廷尉，最后当上丞相的李斯这个人，他的政治理念太对秦始皇的胃口了，基本秦国的治国方针，都是按照他的思想和办法去执行的。秦国政治，几乎就是李斯政治。从为后世奠基的角度而言，如果说秦始皇是兆基第一帝，那李斯也称得上是兆基第一相。

说起来，李斯的人生路，并不算平坦。

起初七国之间尚在互相厮杀时，他只是楚国某郡的小吏，见厕中的老鼠每日吃不洁的食物，时不时因人来而惊慌奔走，仓中的老鼠却吃堆积的粮食，居住在更宽阔的处所，不受惊扰。年轻的李斯慨然长叹：人和老鼠的遭遇也没有分别，完全要看自己身处什么环境。

于是他拜到荀子门下。荀子是战国末年兼容并包的大家，李斯感兴趣的，是老师思想中那些能为帝王服务的学术。学成之后他便离开楚国，西向入秦，很快成为吕不韦的门客，经吕不韦推荐，任当时还是秦王政的长史。

正在李斯觉得未来可期，预备大展宏图时，一个事件差点毁了他所有的努力。因为吕不韦、韩国人郑国等一系列政治事件，秦国对于外国人的防备心提到最高，秦王政因此下令驱逐在秦任官、经商的外邦人士，限期出境，否则将被当做间谍处理。而李斯作为一名楚国人，自然也在驱逐之列。

陷入绝境的李斯决心冒死上书，挽救自己的政治生涯，于是有了著名的《谏逐客书》。

在《谏逐客书》里，李斯展示了自己出色的辩才，他大致向秦王政说了以下内容：您之前的几代秦王，都是用他国的客卿才取得了巨大成功，百里奚、商鞅、张仪、范雎，哪个不是外国人？没有这些客卿前赴后继，也就没有秦国如今的强大。您现在宫中的金玉、明珠、宝剑、名马包括美人，几乎没有一样是秦国本地产的，如果非要只用本国的东西，您就没有那些极致的体验。您现在东西都用六国的，大臣只用本土的，不怕别人说您只看重享受，不重视治国吗？泰山不让土壤，故能成其大；河海不择细流，故能就其深。您如今把客卿全部驱逐，不等于是自断其臂，以资敌国吗？我看秦国要完。

秦王读毕，立刻撤销逐客令，恢复李斯官职。

李斯才松口气，又迎来了第二个考验：韩非。其实那根本算不上对手，韩非也是荀子门生，说起来倒是李斯的同窗。天生口吃的韩非，写得一手好文章。秦王政读到他阐述法家理念的著作，大有恨晚之心，费尽心思请他入秦。在李斯眼中，韩非成了挑战自己地位的一大威胁。更何况，两人对于秦国统一天下的理念有所冲突。李斯认为，从地理位置来看，应该就近先灭韩国。而韩非就是韩国人，当然不希望秦国铁骑东进时，自己的祖国首当其冲。

李斯利用这一点，让秦王政相信韩非不会为秦尽力，将他下狱并杀害。从此李斯终于成为法家思想在秦国最得力的推手。

秦王政喜欢李斯和韩非的理念是必然的。他们致力于打造这样一种秩序：国家就像一部运行中的机器，完备的制度法令是使它高速运行的规则。而这个国家中除最高统治者以外的每个人，都是机器的零件，他们只需要坚守岗位按部就班付出，但是不允许对机器运行的规则进行讨论，异议固然不行，就算是表示同意也绝不可以。这种理念在后世某些集体主义盛行的地方也常常会看到。没有哪个统治者会不喜欢这样的环境，在这样的环境里只有默默服从的零件，零件自觉地对敏感话题噤声，来保证集体的高效运行。

李斯成功了，他在秦国建立和完善了这种冰冷无情的秩序，并帮助秦王政统一六国成为始皇帝，最后自己也升任丞相。他终于成为了年轻时梦寐以求的那只居住在最富丽高贵的环境里的老鼠。

统一后，李斯继续推行自己的法家理念，他上书：天下太平时，百姓应致力农工，读书人应明习国家法令，遵纪守法。然而现在的读书人，却整天议论朝政，搬弄是非，标新立异，各持一说，不利于思想的统一。请皇上下令，将秦国以外各国流传的史书，《诗经》《尚书》和诸子百家著作，统统收缴烧毁。凡有借古讽今者，灭三族。三十日之内不焚书者，处以黥刑并服劳役。

"焚书"一事，应无疑义，而"坑儒"的真实性，后世一直都有争论。

但不论真假，这种对待自由议论的态度，无疑是符合李斯、韩非和他们的"法家"理念的，也许正是在荀子门下了解了儒生，李斯和韩非都清楚地看到了读书人的自由思想和专制间存在的矛盾冲突，所以韩非在《五蠹》里说：儒以文乱法。

师出儒门，自己身为读书人的李斯推行"焚书"，法家的无情在他身上被戏剧性地放到了最大。

第二章　沙丘之谋

对内可以用严苛无情的法令来管理，对外则不得不用强大的军队。

即便已经统一了六国之地，秦始皇仍然有更大的野心，也还要面对更强大的敌人。

他的野心是想把帝国的疆域扩展到更南方，在那里，居住着被称为"百越"的众多南方民族。于是秦始皇征调了五十万大军，兵分多路向南进发，希望挟一统中原之余威席卷而下。但南方无论是多山川河泽的地形还是瘴热湿毒的气候，都非秦军所熟悉和习惯，百越族人民的反抗也出乎意料地顽强，南方的战场一度僵持不定。这是后话，暂且不提。

而另一支令秦始皇不得不提防的强敌，则是北方的匈奴。

匈奴之所以会成为中原的大敌，和他们的生活习性分不开。

这是一支以游牧为主的民族，尽管也有少量的耕种，但基本是随着水源和草地而迁徙移居。今天这里水草茂盛，就集体在这里放牧生活，明天换到别处。这种打一枪换一个地方的生活，不像中原的小农经济那样稳定，常常会遇到资源匮乏的难题。匈奴怎么解决这一难题的呢？答案很简单：抢。实在没有粮食和物资了，他们就骑着马到四邻去开战、去掠夺。这和远古人类的部落生活几乎没啥区别。

中原的北境因为毗邻匈奴，就成了被抢劫的主要对象。但由于生活习惯的不同，匈奴并不十分稀罕中原的土地，因为他们没有办法长期占领过定居农业的日子，所以往往抢了人和物就走，物自然可以用，人则可以在平时作为奴隶役使。

当初在战国时期，紧挨着匈奴的赵国、燕国都不堪其扰，于是在各自边境的北面修筑长城，试图把匈奴拦在高大的城墙之外。但是国与国之间，长城是断开的。秦国自己也有长城。统一之后，秦始皇大手一挥，派了蒙恬为将，也带领了三十万人去北方驱逐匈奴。尽管南北加起来八十余万人的数字未必完全真实，但的确耗费了国内大量人力和财力是毋庸置疑的。

蒙恬带领的这三十万人，一般称之为"长城军"，他们除了作战以外，还有修补长城、将各国长城连接起来的职责。但一个将军率领如此庞大的军队长期在外，任是再大胆的君主，也未免要提防几分。因此蒙恬军中有一位始皇派来的监军：长子扶苏。

关于扶苏为什么会出现在长城军中，以及秦始皇最后想不想立扶苏为太子，现在有两种意见。

一种意见认为：扶苏被任命为长城军的监军，正是秦始皇不想立他为太子的证据。原因有二，第一，史书说扶苏是因为劝谏，激怒了秦始皇而被贬到军中去的。第二，按照春秋时的惯例：太子是不领兵的，因为担心太子有军队的支持会提前对父亲逼宫。

另一种意见则认为：春秋时的做法不适用于频繁变法之后的战国末期。秦始皇此时正年富力强，并未考虑太子之位，所以不存在把扶苏派去监军就是不想立他为太子的意思。况且君主对儿子失望疏远，只有削权冷落的做法，更绝对不可能把一个被贬的皇子置于远方最精锐的军队中，不怕皇子怀恨在心而勾结将军造反吗？当初始皇派王翦领数十万大军灭楚时，就百般不放心，王翦曾亲口承认始皇本性多疑。因此把不喜欢的儿子放在军中，显然不像是始皇能干出的事。派出最信任的儿子去监控大军，才是符合情理、符合他精明多疑性格的做法。

无论众说如何纷纭，至少在南北两支大军都到位后，秦帝国对内对外的方针就都已经制定完毕了。

秦始皇的余生，开始在一次又一次的全国巡游中度过，他要亲眼看看自己一手打造，只属于他一个人的天下。他向东一直巡游到海上，望着一望无际的海水，心想这大概就是世界的尽头了吧。

朕已经到达了人间的极致，而海里是神仙的住所，朕想亲眼见一见神仙。这样思忖着，秦始皇登船出海，并亲手用连弩射杀了一头"蛟"。无独有偶，一百多年后，常用来和他并称的汉武帝也在汉帝国南方的大江里捕捉到一头"蛟"，显然这两人遇到的传说中的龙之子并不是同一种东西。秦皇射杀的海洋生物，其实是一条鲨鱼，而汉武捕捉到的淡水"蛟"，按照后世典籍记载中的形容，应该是一条鳄鱼。

秦始皇付出了很多努力，包括派出大批的使者出海，终究没能在海上遇到传说中仙踪不定的神仙，倒是巡游到博浪沙这个地方，不幸遇到了刺客。说起来很是惊险，庞大的车队行进时，忽然不知从何处飞来一个重达一百二十斤（合今天六十斤）的铁锤，击中了副车。若是命中皇帝的玉辇，后果不堪设想。始皇大怒，下令在全国范围内搜捕刺客，不过最后也没能抓到行凶者。

如果当时真抓到刺客，恐怕历史会有不同的走向，因为策划这次袭击的主谋，将在十二年后再次向秦帝国发起致命一击，成为灭亡秦朝最主要的推手之一。

这个主谋叫做张良，他和秦始皇有不共戴天之仇。

幸运躲过了袭击的秦始皇没有躲过时间这道催命符，就在八年之后的最后一次巡游途中，路经沙丘这个曾饿死雄才大略的赵武灵王的地方时，仅五十岁的千古一帝，也在此地病故。

据说他死前有一封发往长子扶苏的玺书，如确实有，那极有可能是宣召扶苏回来即位的。扶苏是理想继承人的理由和上面一样，他是三十万部队的监军，假设秦始皇真想令另一位皇子即位，不会预先设置这样一个隐患。

但无论有没有这封玺书，都不影响历史的进程，因为负责始皇巡游的贴身秘书，是中车府令赵高。赵高如果仅仅只是中车府令倒还好，更致命的是，他是始皇小儿子胡亥的老师。

需要强调的是：赵高并不是一名太监。这在李开元先生的论文《说赵高不是宦阉——补＜史记·赵高列传＞》中有比较详细的论证。

赵高非但不是后世电视剧里阴阳怪气的死太监，反而可能仪表堂堂、身材魁梧、并写得一手好字，精通法律，堪称文武双全。中车府令这个职位，有时需要亲自为皇帝驾车，对体型、气力都有相当高标准的要求。而同时，他还被始皇帝任命，教胡亥书法和如何判决狱案。

这样一个人很难不讨人喜欢和信任，赵高有一次犯了死罪，是始皇亲自赦免并让他继续担任中车府令一职，可想而知他有多么受宠。

但一朝天子一朝臣，一旦始皇驾崩，如果即位的是扶苏，赵高的好日子也就到头了。如果他想保证自己的地位，则必须拥立信任自己的皇子：胡亥。

赵高用同样的理由说服了这时已经担任丞相的李斯。他道：扶苏即位，您的相位就将不保，因为扶苏的亲信是在北方驻防匈奴的将军蒙恬。

赵高必须拉拢李斯，因为他自己是内臣，需要靠丞相来获得外臣集团的支持。其次，李斯也容易拉拢，从李斯一生的轨迹和设计杀死韩非这些行事方式来看，确实就是个贪恋权位且辣手无情之人。

于是，一封伪造的诏书从赵高处发至长城下，以秦始皇的口吻，责备扶苏和蒙恬与匈奴征战不利、士卒多有死伤，赐二人死罪。

扶苏终究忠厚，见到诏书，当即就准备自杀。蒙恬却觉得事有蹊跷，又不知道始皇已经驾崩，劝说扶苏道：陛下一直未立太子，但把三十万士兵托付于我，又以公子您为监军，这是把天下重任交给了公子。如今来一使者，就轻易赴死，焉知其中有没有诈？不如派人去陛下那里请示清楚再做决定。

扶苏却道：父赐子死，但死而已，何需再行请示。随即自尽。

蒙恬坚持要见始皇，使者将他扣押，由李斯的亲信、王翦之孙王离接管"长城军"。

胡亥这时也和赵高、李斯一行随巡游车队回到了咸阳，即位为秦二世皇帝。二世下令诛杀被关押的蒙恬，终于知晓内情的蒙恬长叹道：我蒙家为秦国开疆守土，立功三世，我又手握三十万重兵，哪怕如今身陷牢狱，要反叛也易如反掌。之所以宁死不反坚守忠义，是不想辱没先人教诲而愧对先帝。说罢也服药自尽。

第二年，秦二世在赵高的教唆下，又下令诛杀兄弟姐妹二十余人。

一个刚刚矗立起来的帝国看上去巍然簇新，但根基的崩裂已经在内部缓缓发生。

第三章　反秦风暴

　　秦始皇三十七年九月，这位帝国的开创者被安葬在骊山的地宫之内。据《史记》记载，地宫里面藏满了奇珍异宝。有哪些宝贝我们不好说，但是可以从侧面了解一下。西汉末年皇室宗亲刘歆编著的《西京杂记》里说：汉高祖刘邦占领咸阳后，在宫里吃惊地见到一种青玉五枝灯。所谓五枝灯，就是一个灯柱上分出五个分支，都可以点灯照明。刘邦见到的这个青玉五枝灯，五枝都做成了蟠螭——传说里龙的一种后代——的形状，蟠螭口中衔着照明的灯。一经点燃，身上的鳞甲会抖动，屋里明亮闪烁，就像漫天的星辰。

　　多么神奇而梦幻的珍宝。

　　《西京杂记》有许多夸张之处，鳞甲会动不太现实，一个可能是鳞甲用光滑的金属制成，表面会反光，而古代照明又是用火光，明暗不定，反射出来就仿佛是鳞甲在活动一般。不管实情怎样，至少可见在汉朝时人们就对秦始皇这位天下之主所拥有的财富，产生了丰富的想象。

《史记》还记载，为了不让后来人打扰亡魂的安眠，能工巧匠们在秦始皇的陵墓中装置了能自动发射的机弩，防止觊觎此中财富者前来偷盗，在完成了这一设计后，他们也集体被封闭活埋在墓道里，用死来保守最后的秘密。

《史记》能说的都说了，能猜的也都猜了，唯独没有提到一件几千年后令世人震惊的东西：兵马俑。说明即使是离始皇帝仅仅百年左右的太史公时代，就已经没有人听到哪怕一丁点儿此事的风声。那么庞大的一件工程，从制作到埋藏，竟然如此隐秘，真的很难不令人怀疑，这位开帝国之先的千古一帝，究竟还在地下藏了多少秘密。

秦始皇九月下葬，按照秦国的历法，这个月刚好是一年的年尾。

第二年的春天，新天子秦二世又追随父亲的足迹，巡游了帝国的东方，北至辽东，南至会稽。凡是当初父亲巡游时所刻下文字的大石上，秦二世全部追刻了歌功颂德的内容。

直到夏天，他才回到咸阳，长途的旅行使他颇有些疲乏和厌倦，他向老师赵高表达了内心的想法。

秦二世说：人活在世上，犹如白驹过隙，时光短暂。我如今君临天下，想随心所欲，追求极致的享受来度过余生，您觉得可行吗？

正年富力强的赵高回答他：这正是贤明的君主追求的生活

方式啊，但是目前的形势恐怕并不允许陛下您如此。大臣们都是先帝遗臣，当初我和李斯在沙丘谋划拥立您，他们本来就有所怀疑，自从您即位以来，他们内怀不服，早晚生变。臣每天都战战兢兢、惶恐终日，陛下又怎么能得到真正的安乐呢？

秦二世一向对这位老师言听计从，任由法律专家赵高对秦律进行了重新梳理和更正，在原来的基础上变得更加苛刻，大臣有罪，都由赵高亲自审理。赵高借二世之名，对能阻碍自己专权者大开杀戒。

但刚到秋天，东方传来的消息便令咸阳宫殿蒙上了阴云。有一支九百人的队伍被征发，去往帝国北部的渔阳郡戍边。在秦帝国治下，像这种被征发了去义务劳动和守卫疆土的队伍随处可见，并不稀奇。

但这九百人走到大泽乡时，其中的屯长陈胜、吴广却振臂高呼：

今亡亦死，举大计亦死，等死，死国可乎？且壮士不死则已，死则举大名耳，王侯将相宁有种乎！

在这句闻名后世的口号的指引下，九百人决心改变自己的命运，愤而杀死押送的都尉，开始进攻周边的县城。

这九百人应该都是闾左身份，大约是离开原籍寄居在他乡的穷困者，他们起事的理由是连日大雨，估计来不及按照约定的日期赶到渔阳郡，按照新的秦律是死罪。即便如期赶到，在当地作为戍卒，遇到匈奴或东胡族的骚扰，也多半有去无回。所以"壮士不死则已，死则举大名耳"，死必须死得轰轰烈烈。

当然为国征战守边而死，也可以轰轰烈烈，所以实际点燃起事欲望的，是另一句"王侯将相宁有种乎"，同样是死，不如赌一把荣华富贵，这才是大部分人内心的真实渴望。

有意思的是，陈胜、吴广们一边高喊王侯将相不是注定不是天命，一边却仍然要借王子扶苏、楚将项燕这些世袭的王侯将相的名义来增强队伍的号召力。

现在有一种网上的观点认为：按照云梦睡虎地出土的秦简中的《徭律》来看，误期只是罚款就行了，所以陈胜在说谎。这种观点是很不靠谱也很轻率的。因为出土的秦简，并不是完整的秦律，也并没有证据表明是秦二世时用的秦律。如前所述，秦律在赵高手里还有过一次修改，变得更为严酷。而且陈胜既然是戍边而不是徭役，就该对照《戍律》，而不是《徭律》。

但是"误期当斩"这句话是不是陈胜用的借口，则真的值得商榷。陈胜和他那一拨九百人要去的地区是渔阳郡，在今天的北京密云附近，但是他们还在安徽境内就直接不走了，这时候其实根本还没有走多少路。刚出发就判定要误期，多少显得有些可疑。

在就近攻下蕲县后，陈胜亲自率军占领陈县，自立为王，号"张楚"。他派出的将领葛婴则向东收取周边，葛婴在东方打开局面后，立了一名楚王；在听使者说陈胜已自立为王后，又杀死自己所立的楚王。这一反覆的行为，说明当初葛婴和陈胜在分道扬镳时，还没有详细的起事计划和政治纲领，也侧面证明了大泽乡起义是临时之计，只做了比较仓促的准备工作。

陈胜和吴广本人并没有多少战略眼光和远见，但他们的起义，却仿佛是一根火柴，迅速点燃了天下反秦之士心中的火焰，一时间，各郡县纷纷有人杀掉秦朝的官吏响应陈胜。

其中最活跃的，当然是被始皇帝消灭的六国王室和贵族后裔。十多年的时间，还不足以磨灭他们心中亡国亡家的仇恨。

曾行刺秦始皇的张良再次登上历史舞台，因为他就是韩国的贵族后人。

张良的祖父和父亲都曾任韩国国相，能相继做到国相，说明家族在国内的地位非常不一般，因为先秦时代，世族的威望和权力是无比强大的。假如不出意外，张良成年以后，也能世袭到地位和财富。所以在他二十岁之前，人生最大的志愿大概就是像祖辈一样，为国尽忠效力。然而意外发生了，就在即将弱冠时，秦始皇开始了统一战略，铁骑肆虐东出，韩国因为国力最弱又紧邻秦国，首当其冲被消灭。

那是张良人生里第一次听到梦碎的声音，祖国亡了，家族散了，这对于一个正要大展宏图的青年来说无疑是不共戴天之仇。这也正是张良之前宁愿散尽家产，也要雇力士在博浪沙刺杀秦始皇的原因，凭他个人的能力，也许摧毁不了那个罪恶的帝国，但至少可以诛杀掉坐在帝国宝座上那个罪魁祸首。

刺杀行动终究功亏一篑。以个人力量对抗强大的组织，无异蚍蜉撼树。为了避罪，张良逃到东方已经隐藏了近十年。这十年里，他即使仍有强烈的复仇之心，却始终没有好的时机和对策。

但听说陈胜、吴广揭竿而起，天下纷纷响应，张良眼前一亮，他知道他等到了，这是复兴韩国的最好机会。

其他各国的后人和他想法一样，张耳、陈余是当年魏国名士，这时投奔陈胜，向他请求了一支军队北上，攻取过去赵国的地盘。而楚国大将项燕的儿子项梁，项梁的侄子项羽，则在吴中起兵。

就连东阳一个县令的下属陈婴，也在当地青年们的拥戴下占领本县宣布起义。史书当然不会无缘无故记载一个平凡之人，这个陈婴可能大家未必熟悉，但是他未来的曾孙女，会起名叫陈阿娇嫁给汉武帝，并留下"金屋藏娇"这个典故和成语。

各地一时刮起反秦风暴，烽烟四起，年届不惑的张良再次想起二十岁时候的梦想，满怀复国希望的他也聚集了一百多少年，但终归势单力薄，准备先去投靠有实力的部队，再图后计。

行军途中，张良遇到了与他一生关系最密切的那个人。

第四章　　**英雄崛起**

张良在途中遇到的，是沛县人刘邦。

这一年，刘邦已经四十八岁，虽然在沛县当了一名亭长，但因为在押送本县刑徒去骊山服役的途中，跑了不少人，眼看着就算到骊山，他也难逃死罪，他干脆就带着剩下的一帮兄弟躲到附近的芒砀山里落草为寇了。假如不出意外的话，他就要这样平平淡淡、躲躲藏藏地过完余生了，除非遇到大赦，才能以平民的身份回家。

但意外真的来了，而且是天大的意外。陈胜的起兵，给了东方各个郡县首长一个两难的选择。秦的郡县制，是以外地人治理本地人。一个县的县令或县长，是中央委派来的，而处理具体事务的吏掾却都是本地选拔的，首长和下属之间本就存在隔阂。再加上秦的律治严苛，每个县令任上，"杀人之父、孤人之子、断人之足、黥人之首，不可胜数"，首长和百姓之间也仇深似海。

陈胜的反秦口号，瞬间激化了这种矛盾，因为在当地人看来，这个中央委派的县令，无疑就是秦的象征。

刘邦所在的沛县县令就纠结万分，他不表态反秦，很快就会被愤怒的百姓杀死，但表态反秦，没有足够的兵员，也很快会被秦军镇压。

关键时候，萧何和曹参这两名县吏提议：您还记得亭长刘邦吗？我听说他躲藏在附近的山中，纠集了一百多人，可以叫屠狗户樊哙去把他召来利用。

沛县令一听喜出望外，即刻照办。但那边走，他后脚又后悔了，这萧何和曹参怎么知道刘邦在哪里的呢，还知道他有多少手下，又知道樊哙能找到刘邦，看来平时也没少和刘邦暗通消息。再说，刘邦带着一百多人来了，还有我什么事呢？

但事态已经不可控制，尽管沛县令立刻封锁城门，仍然被城内百姓杀死，刘邦从此拥有了自己的势力和部队。

但这支队伍怎么看都像是乌合之众，为首的几个，与刘邦关系最亲密，樊哙不过是狗屠，周勃不过是养蚕兼吹鼓手，都是些不怎么体面的职业，里面最有身份的也不过是萧何、曹参、夏侯婴等几个小小的县吏。

张良带着一帮青年子弟，就这样和这支乡里乡气的队伍会合了。

该怎么形容这次会面呢？也许这些当事人自己都并未觉得有什么特殊意义吧。毕竟除了张良有些贵族气质，其余都是刚刚起事的平民，学问有限、作战经验全无。起义究竟能走到哪一步，更多的要看天：可能第二日就命丧战场，也可能运气好一点，混个王侯将相。换句话说，这些未来的帝王将相，此时还懵懵懂懂，完全不知道自己究竟有多大的能量，能创造出多大的局面。

但放到后世人眼里，这是星光多么璀璨的一次合兵啊。在未来的六七年里，这批人的才能将席卷神州，开创盛世。大汉王朝的奠基者、汉初动乱的制造者几乎都已齐聚在这里，功臣版图基本完整，只缺未来的韩信、彭越、英布几人而已。

据《史记》说，张良这次结识刘邦后，很是钦佩，因为他给别人讲兵法，别人听都听不懂，只有刘邦赞赏并采用。张良因此叹道：沛公大概是天命所在吧。

这段话显然是媚上者后来对刘邦的溢美之词。张良当时即使真的欣赏刘邦，也不会在反秦初期就下如此的断言。是的，即便聪明如张良，这一刻也没有意识到天下会因此诞生第二个朝代，上位新的天子。他充其量能够想象的是天下即将恢复旧时战国的格局，而他在其中要做的，是复兴韩国，然后像父辈那样成为韩国国相实现人生理想。

所以真实情况是，张良和刘邦合兵之后，实力依然弱小，只能一起投靠更强大的义军，他们选择了附近的项梁、项羽叔侄俩。

一心复国的张良甚至劝说项梁：当今之计，应找出各国后人复国，为秦国多树敌。我知道韩国公子韩成非常贤良，可立他为韩王。

了解了张良的背景和人生轨迹，就知道这是充满私心的一条建议。但这建议也确实在理，此时无论是陈胜也好，项梁也好，或者其他地方的反秦军也好，虽然拥众渐多，但真要和庞大的秦帝国军队相比，仍如螳臂当车。多立王，多建国，的确可以起到分散秦国镇压起义的兵力的作用，令他们难以兼顾。

项梁欣然同意，立韩成为韩王，以张良为司徒，令他们领兵千余人去收复韩国故地。张良自此就和刘邦分道扬镳了，这也说明此时他的确还未对刘邦有特别的依赖。张良大约没想到，自己辛苦了二十年的梦想，竟然一朝如此轻松地就实现了。

当然，此时的反秦军的主角既不是张良、也不是刘邦和项梁。我们需要把镜头重新转回到首举义旗的陈胜那里。

尽管许多反秦军起义时，都在名义上尊陈胜为王，但他性格上的致命缺陷使他对反秦事业很快就失去了掌控力。

起义一开始，陈胜就很快占领了陈县作为根据地，同时，派出几员大将往各个方向攻城拔寨，插下反秦大旗。

其中往东的将军，叫葛婴。如前所述，这支军队出发时，陈胜还没有称王。所以葛婴攻下东城后，立了一个叫襄疆的人为楚王，没多久使者前来告诉他陈胜已在陈县自封为张楚王。葛婴这才意识到自己干了件缺乏政治意识和大局意识的蠢事，赶紧杀掉襄疆，拍马回陈县禀告。陈胜听闻果然勃然大怒，处死了葛婴。这两人在这件事情上，简直是一对没头脑和不高兴。

这事也充分显示了陈胜的气量狭小和刻薄寡恩。不过葛婴虽死，他的后代却将在未来继续影响中国。他的后人在汉朝时被封在琅琊郡诸县，从此有了一个新的氏族：诸县的葛氏，人称"诸葛"。你猜得没错，葛婴的子孙里将诞生一位中国民间最喜欢的历史名人：蜀汉丞相诸葛亮。

陈胜派往北面的将军，叫武臣，辅助武臣的是之前提到过的魏国名士张耳、陈余。出发之前，张、陈二人也给陈胜提出了与张良同样的建议：多立六国后人为王。

和项梁欣然同意不同，陈胜一口拒绝。他丝毫没有意识到，那些随之而起反秦的人，有的是为了复国，有的是趁机建功立业改变命运，而不是真正拥戴他陈胜本人。一个舍不得分享利益的人，其失败已经庶几可预见。

武臣到北方打开局面后果然自立为赵王，再然后中原大地上陆续出现自立的齐王、燕王，陈胜虽然非常恼怒，但形势所迫，不得不接受了这样的局面。如果当初这些王都是他封的，大可以盟主之名号令列国。但自立就不一样了，和你陈某人还有什么关系呢？这时陈胜已经完全失去了对其他各王的号召力，成为空有其名的孤家寡人。

唯一有点盼头的，是他派往西面的大将周章。

众所周知，秦国的都城咸阳就在正西面。即便其他方向上派出的军队没有任何斩获，只要周章这支西面军直捣黄龙，顺利攻下咸阳，灭亡秦国，就足以再次大振陈胜的声名，使他可以重新号令天下各王。

陈胜把所有的希望寄托在了周章身上。而周章也确实不负重托，自称曾经侍奉过春申君，很懂兵法的他率领大军推进得异常顺利，很快就进入了秦国倚仗的最重要的关卡之一：函谷关。

函谷关，自古以来就凭着天险，成为了秦国的咽喉之地。当初，楚怀王率六国伐秦，在函谷关前被杀得"伏尸百万，流血漂橹"。秦始皇时期，也在关前击败过五国联军。所谓"一夫当关万夫莫开"，函谷关绝对当之无愧。

但出人意料的是，周章却边行军边收纳散兵游勇，兵不血刃地就过了此关。进驻到戏这个地方时，已有士卒数十万，战车上千。

怎么回事？秦人似乎毫无抵抗之心和还手之力。

我即将成为灭亡秦帝国之人，立不世之功，领风光无限。想到这里，周章不禁乐在心头。

但很快，他就会知道自己有多高估自己，也很快会感受到帝国在危难时刻爆发出的真实力量。

他的天敌正在路上。

第五章　王朝支柱

之所以周章能够一路西进，几乎都没有遇到像样的抵抗，并不是秦国故意诱他深入。理由其实很搞笑，是因为秦二世还在高枕无忧，喝酒享乐，根本不知道他的天下已经反成这样。

从一开始陈胜起兵时，便有谒者从东方来照实报告。秦二世听完倒也有些着急，赶紧召众臣商议。众臣里自然有不少尽忠爱君、担忧国事的，纷纷道：有人胆敢造反，这是大逆不道，希望陛下赶紧发兵镇压。他们满以为这番忠言能得到二世的赞赏，谁知二世听了"造反"二字，脸色却愈发难看。

造反？有人造反，那岂不是说明他这个皇帝当得不好？

大臣里自然也有会察言观色的，于是有名叫叔孙通的儒生见状站出来道：如今陛下圣明，天下太平，哪里有什么"造反"，只不过是些偷鸡摸狗的小盗贼而已，郡县的长官很快就能将他们一网打尽，实在不足为患。

听说是"盗贼",而不是"造反",二世才转怒为喜。盗贼嘛,什么时候都会有这种不事生产,以打劫为生的一小撮坏分子,和他治理国家治理得好不好就没啥关系了。二世也就不予理睬,安心地继续过他的太平日子。而臣下见皇帝如此,自然从此不敢再提"造反"二字。

直到听说陈胜手下的周章大军已经进入函谷关,二世才大惊失色。

不是说小小的盗贼吗,怎么让他们跑到朕的身边来了?他急忙重新召来大臣商议如何处理,毕竟一旦敌人入关,咸阳就近在咫尺,无险可守,情势十分危急了。

到这时,大臣也慌成一团,手足无措。正如之前所述,帝国最庞大的军队长城军还在北方,而咸阳城虽然有卫兵,却远未到能轻松击退叛军的地步。

正慌乱间,只见从列中站出来一位官员,淡定道:如今贼兵压境,远水救不了近火,已来不及再征召周边郡县的官兵前来营救。陛下有那么多刑徒在骊山为先帝修建皇陵,不如赦免他们,令他们从军击贼。

站出来的这位,叫做章邯。

秦二世大喜,此时只要能找到救兵,管他是正规军人还是服刑人员呢,当即宣布大赦天下,发给骊山刑徒兵器,让他们参战。至于谁做领兵的将军呢,既然是章邯你提议的,不如就你去吧。

当然实际上,也只能由章邯来率领这些刑徒,这和他的官职有关。

在秦帝国中央政府中，有个机构叫少府，这个机构的官员也叫少府，位列九卿。章邯就是。

少府管理的是什么呢，他负责管理从全国收上来的一部分税，主要是煮盐、采矿这些，用于皇帝和皇亲的私人生活。比如穿的衣服、吃的食物、交通工具等一些手艺，就都归少府掌管，相当于是皇族的家庭总管。而修建陵墓、宫殿的职责，秦朝时也归于少府。

所以骊山的这些刑徒，本身就是章邯的管理对象，再加上制造武器的职能也在少府辖下，所以由章邯来率领这支由刑徒组成的临时军队，给他们颁发武器出征，简直再合适不过。

章邯领命而行，他自然不怕打仗。考虑到秦国自商鞅变法以来就一直采用军功制，即便是丞相也常常要亲自攻城伐地，想必章邯应该也有些作战经验。之所以以前的战事不见于史书，可能是因为王翦这些名将的光芒实在太过耀眼。

不过白起、王翦、李信这些人物，俱往矣。

从章邯领命这一刻开始，他将证明自己的实力无愧于秦国名将辈出的传统，他将用自己的战绩，为帝国书写最后的辉煌。

章邯率骊山刑徒出击，刚一交手，就击溃了之前战无不胜的周章大军。之所以战斗力如此强大，首先当然和人数浩大有关；其次和刑徒的心理也有关，本来他们修建陵墓，几乎就是十死无生，现在虽然战斗也是拼命，但好歹在军功制下有了立功活下去甚至赢得爵位升官发财的机会，势必人心齐聚、死力奋战；再次和章邯的指挥也不无关系，兵力越多，越见将军调度之能力。在章邯面前，周章这才见识到什么叫大将风范。惨败之下，他收拾残部，仓皇逃出函谷关，屯兵曹阳。

两个月后，章邯追击，再次击败周章，周章逃至渑池。

十多天后，追命一般的章邯再次进逼，发起攻击，周章连遭痛打、溃不成军，自刎而死，陈胜最寄希望的一支队伍，在一路败退主帅身亡后，终于怀着对章邯的惊惧悉数卸甲投降。

秦二世的燃眉之急终于缓解。

击溃周文后，章邯决定趁胜出击，解救被吴广围攻多日的荥阳。

为秦国苦守荥阳的是丞相李斯的儿子李由。其时吴广久围不下，部下已经产生内讧，尤其是将军田臧，听说西面周章兵败的消息，更是焦急忧虑。他心中埋怨吴广不懂兵法，不知权变，围在荥阳这里既不攻又不退，万一章邯救兵一到，和李由里外夹攻，我军只有死路一条。田臧一发狠，诈称有陈胜的命令，将吴广斩首，然后派部下李归继续围攻荥阳，他自己领一队精兵，主动去迎击章邯，阻止秦军前来解围。

章邯不慌不忙，要战便战，破田臧军，田臧死。

紧接着进兵荥阳，破李归，李归死。

再进击附近郏郡的邓说，破之。

进击许县的伍逢，破之。

进击房君，杀之。

这时章邯已经一路高歌，收复了被陈胜麾下攻取的大部分郡县，大军进驻到陈胜都城的西面。而秦二世尤嫌不稳当，增派长史司马欣、董翳二人辅助章邯。陈胜亲自出去监战，又被斩杀大将张贺。

连续的失利，使得反秦军内部人心涣散。战无不胜的章邯像一个巨大的阴影，笼罩在陈胜军队每一个人的心头。在这种心理压力下，为陈胜驾车的部下将这位掀起反秦风暴的第一人暗杀并投降。本来如火如荼、进展迅猛的反秦事业忽然遭受重挫。而章邯以一己之力，于水火之中挽救了帝国的命运。

章邯稍作整顿，立马进攻下一个目标。他丝毫不敢怠慢，此刻天下早已不再只是大泽乡刚起义时候的局面，虽然死了陈胜，但是东面仍有项梁，和齐国后人田氏自立的齐王，北面则有魏王、赵王、燕王。

章邯大军扭头北上，进逼魏王。魏王闻听是新破陈胜的章邯，连忙派出使者往齐、楚两国求救。齐王亲自与楚将项它领兵赶来。章邯趁他们落脚未稳，连夜偷袭，大破齐楚联军，杀齐王。魏王为城中百姓请降，自己自焚而死。

自此，章邯的声名到达鼎盛，几乎令反秦各国闻而色变，人人自危。

但这也终于为章邯引来了匹敌的对手：项梁和项羽叔侄。之前那些不自量力的敌人，仿佛只是用自己的弱不禁风衬托章邯的能征善战，就像一部电影前面的铺垫。而到这里，秦末战争才正式进入主戏。

项梁本来在攻打亢父这个地方，听说了章邯的一时无两，按捺不住，引兵就朝章邯的方向去了。

两军狭路相逢，一场恶战。

出乎意料的是，从未遭败绩的章邯破天荒输了头一仗，也许是之前太过轻易的连胜令他低估了对手，以为项梁也和其他人一样，只不过是无名草寇，却不知道项梁的父亲，正是当年楚国名将项燕。这一仗还有一人令章邯印象深刻，对手阵中有个二十多岁的青年骑将，雄姿英发，勇冠三军，冲锋陷阵如入无人之境。

当然，要到后来再次交手章邯才知道，这个青年人，叫做项羽。

第六章　楚国兵变

章邯吃了第一次败仗，谨慎起见，往西撤退。自他从咸阳领命出兵以来，不断向反秦阵地步步推进，还从未有过战略性的回撤。

项梁一鼓作气，乘胜追击。到濮阳东面时，再破章邯。章邯不得不退据濮阳，坚守不出。

项梁见状，遣项羽和刘邦一路攻城阳、雍丘，连克秦军，斩杀李斯儿子李由。项梁自己则攻下定陶。楚军因此士气大振，项梁不免面露自得之色。毕竟，之前那么不可一世的秦军在他面前，也不过如此。

项梁麾下宋义向他进谏道：自古战胜之后，将领骄矜、士卒惰怠者，没有不败的。如今虽然屡战屡胜，但我军伤亡也不可估量，兵力渐少而惰心滋生，我看章邯军驻守在濮阳，却日益从关中补充士卒和军粮。我窃为将军感到担忧。

连续战胜强敌的喜悦充满了项梁的内心，他这时完全听不进任何长秦军志气灭自己威风的话，大手一挥，把宋义支走：出使齐国去吧，谁让你在我耳边说些不中听的话呢，等你从齐国回来我再用新的战功给你开开眼。

宋义摇摇头，出了帐门直奔齐国而去，半途中恰好遇到齐国来的使者。

宋义对使者道：如果你是来见项将军的，我劝你慢些走。项将军面有骄色而不自知，我料他不日必败。你走慢一些，或能免死，否则走得越快，死得越早。

果然，项羽和刘邦正在攻打陈留时，忽然闻听噩耗。章邯夜袭定陶，大破楚军，项梁兵败身死。当年秦始皇派王翦攻灭楚国时，大将项燕死国，如今他的儿子终于也丧命在秦人手中。秦楚这一对自战国后期结下的冤家，账上又添一笔新仇。项羽虽然悲愤得双目喷火，碍于听到这一消息后兵卒一片震惊，士气低迷，只好放弃攻打陈留，暂时和刘邦一起引兵东归。

章邯又一次站上了胜利的山头，他把之前那两次失败视为偶尔的挫折，毕竟和项梁的角力，他笑到了最后。但章邯可能忽视了一点，他目前所有赢下的仗里，对面都没有那个人：项羽。而他败下阵来的那两场，项羽恰好都在场。

此时，他还没意识到谁才是他今生最难对付的敌人。

但章邯显然已经重拾了信心，他决定继续他的剿灭反秦军之路。鉴于楚军已经暂时东归，章邯帅旗一挥，大军北上，准备就近攻灭赵国。

赵兵不像楚军,几乎不堪一击,一战即破。赵王和张耳仓皇退守巨鹿城。章邯令王离的长城军将城池团团围住,密不透风。章邯自己则驻军在西南面,给围城的军队源源不断地输送粮食。

他的想法是围到城中弹尽粮绝,巨鹿自然不战而下。

他也不怕赵人去搬救兵,救兵敢不敢来解围且不说,即便来了,他也能及时救援城下的王离。

章邯的计划很完美,但潜伏在命运里暗中靠近的,将几乎是他一生最大的耻辱。

被围困在巨鹿城中的赵王和张耳自然不想坐以待毙,悄悄派使者溜出城去四处搬救兵。

来的第一支救兵是陈余率领的数万人,如果你还有印象的话,他是张耳的死党,当初两人一起受陈胜的派遣来攻取赵地,他恰好在北边收纳了不少游兵散勇,听说巨鹿被围,赶紧前来救援。然而陈余眼见秦军重重将城池围住,敌众我寡,又忌惮章邯的盛名,哪敢轻举妄动,只好驻扎在城北,等候其他救兵。

很快,赵国其他城池的援军、齐国和燕国的援军也纷纷赶来,只不过仍然没有哪一支敢率先靠近,又怕秦军突然掉头攻击,也在城北筑了十几个壁垒,且观且守。

所有人都在等待楚怀王派遣的最后一支援军的到来。

但实力最强的楚军迟迟不来。

为什么不来呢?是因为项梁之死引起了楚国内部巨大的政权动荡。而要理解这次动荡,需要我们抛开上面史书的表面记载,挖掘一些被埋藏的蛛丝马迹。

项梁最初起义时，因为势单力孤，所以本来是准备投奔已经称王的陈胜而去的。但他走到半路，就听说了陈胜已死的消息。同时得到这个消息的，还有从各地赶来的其他义军：如英布、蒲将军、刘邦、张良等。

这些失了方向的义军不得不在薛地召开了一次重要的政治会议。会议的议题则是：既然陈胜死了，究竟该选择谁当继任的首领来号召楚地的英雄和百姓共同反秦。

项梁自己想不想为王，铁定想，但其他人也想啊。可想而知的是，这些拥有军队的将军彼此都不会轻易服从。这时，范增起了非常关键的作用。他劝项梁找到楚王室的后人，立其为王。这样做至少有几个好处：第一，楚王室后人的身份，没有人敢公然反对；第二，楚王名正言顺了，项梁家族世代为楚将的身份也就更名正言顺了；第三，谁拥立的王，谁就可以挟之以令诸将；第四，从项梁的角度而言，他自己不为王，对掌握实际军权攻城掠地更为方便。这个建议是项梁和范增结下良好关系的开始，但要注意的是，关系好是项梁和范增，而不是项羽和范增。

项梁于是找到楚国王室之后，一个已经沦为放羊娃的熊心，立为楚怀王，把他安置在盱眙作为傀儡，自己也借拥立的威势统领各军，一揽军政大权，成为楚国实际上说一不二的统帅。

但项梁却忽略了一个比较致命的问题：怀王突然从民间娃当上楚王，身边自然会逐渐围绕争权逐利的野心家，且怀王自己或许也并不甘心永远处在高位却形同虚设。

楚怀王想要从项梁手中夺回实权，需要一个机会和一些援军。

巧的是，机会很快就来了。这时齐国出现了一股关键的势力。简单来说：齐国的王室田氏分为两派，我们且称之为旧田氏、新田氏。项氏家族扶持的是旧田氏，但是新田氏上台把他们赶跑了，并因此和项氏交恶。怀王自然马上暗中和新田氏结交，将他们作为自己对抗项梁的外援。

而怀王对抗项梁的内援，则是上面提到的另一个人物：宋义。

如前所述，宋义时在项梁军中，就在项梁战死的那一夜前夕，他却忽然离开了，据称是出使齐国。这使得项梁是否真是死于章邯之手，充满疑问。因为我们到后面还会说到，章邯即便投降项羽后被孤立在项羽营中，项羽坑杀了秦卒，也没有杀死这位所谓的杀叔仇人，于情于理都不太说得通。

项梁这位军政实际最高统帅一死，对于楚国、楚军当然是大震动。

所以项羽、刘邦、吕臣等军队都紧急撤退到大本营彭城附近。

接下来发生的事是：怀王忽然从盱眙跑到了彭城，收缴了项羽和吕臣的军队。这显然是一次明显不过的趁项梁之死的夺权行动。

接下来的人事安排更是妙，封刘邦为砀郡长，武安侯，考虑到砀本来就是刘邦的实际占有地，这无疑是怀王稳定刘邦，分化项氏势力的手段。

而宋义则被封为上将军，置于项羽之上。《史记》说："诸别将皆属宋义"，在这之前，"王召宋义与计事，而大悦之"。这时秦国战局如日中天，楚国新丧军事统帅，如果是讨论战事，无论如何也没有什么理由能"大悦"，怀王和宋义聊得这么开心，又提拔宋义集中军权，所聊内容可想而知。

从楚怀王这一系列行动来看，为什么紧接着派刘邦西入关中，而把项羽交由宋义带着北上救巨鹿就不难理解了。

宋义在救赵的路上突然驻军不走，一连停留四十多天，还派出儿子出使齐国，未必真是以逸待劳让秦赵相拼，倒是和楚怀王倚仗齐国新田氏的外援力量来继续压制项氏的可能性更大。

但怀王和宋义都没有料到的是，项羽不是乖乖待宰的羔羊。

项羽当机立断，跑到营中亲自斩杀了宋义，并立刻派人将出使齐国的宋义的儿子一起宰了。

《史记》："项羽已杀卿子冠军（宋义），威震楚国，名闻诸侯。"

斩杀长官的事情史上并不少见，很少有要用到威震、名闻这种夸张的说法，这里的威震楚国，当然是震动了以为稳操胜券的怀王一派，而名闻诸侯，恐怕也是怀王的外援一系。

杀死宋义后，项羽接管楚军，项氏重新夺回了在楚国的话语权，随即立即奔赴战场。很快，宽阔的漳水横在大军面前，而对岸就是巨鹿城池和重重包围的秦军。

年轻的项羽临水观望，意气难平。秦楚自战国末期开始就结成世仇，而项羽作为楚国名将之后，这一仗仿佛注定要由他来指挥，来继续或了结两国之间的新仇旧恨。

第七章　破釜沉舟

项羽马不停蹄，派手下骁将英布、蒲将军领兵两万，先行渡河，围城的秦军立马迎击，无奈楚军的实力的确非其他诸侯军能比，秦军虽兵力占优,却丝毫不占优势,反而屡屡处于下风。

项羽见状，趁章邯还未来得及赶来营救，拔寨而起，令全军砸毁炊具，只带三日口粮渡河。到达对岸之后，又凿沉船只，以示万众奋力、有去无回的必死决心。

大军一到对岸，立即和诸侯军对王离形成反包围之势，并多次摧毁秦军输送粮食的甬道。王离军缺粮少食，大惊，欲突围，和楚军一场旷日大战。这一场战斗，只听鼓声阵阵，其间兵刃交锋、战马嘶鸣、呼痛呐喊，各种响动混乱交杂，声震于天，北面各国诸侯的援军始终不敢纵兵来救，只敢作壁上观，见项羽和楚军士卒无不以一当十，奋死拼命，诸侯各将吓得面如土色，人人惴恐。

战斗结束，秦军大败。楚军杀将军苏角、俘虏王离。项羽因此安下营帐，召见各国援军将领。将领们还未从之前的大战的惶恐不安里回过神来，一入辕门，无不膝行而前，不敢仰视项羽。

这一仗之后，项羽自然而然成为诸侯上将军，没有哪个人提出异议。

大吃一惊的还有章邯，他驻扎在离巨鹿不远的棘原，本想作为王离的支援，但他怎么也没想到，楚军竟然就这样正面渡过漳水，迅速击败了自己的精兵。听逃回来的秦兵描述，为首的将军，竟然就是前几次那位极其骁勇的骑将。章邯这才隐隐觉得，这个才二十多岁叫项羽的青年，恐怕才是他真正的对手。

以上便是令项羽声名大振的巨鹿之战的过程，项梁之死令项氏集团在楚国的势力岌岌可危，而项羽当机立断诛杀宋义，夺回军权，又经此一战迅速确立了自己在诸侯中的领导地位，这个大起大伏的过程仅仅只用了几个月的时间。

当然，巨鹿之战还有一些值得补充的内容。首先，它的过程和细节其实存在争议，比如项羽破釜沉舟率军渡过的，究竟是黄河还是漳水；又比如，诸侯军有没有参与到大战王离长城军的战斗中去。之所以存在争议，是因为在《史记·项羽本纪》和《史记·张耳陈余列传》中，对巨鹿之战的记载略有出入。另一个值得注意的细节则是：张耳因为陈余驻扎在城北迟迟没有救援的实际行动迁怒于他，导致了此战后这两位多年挚友的决裂，也引导着两人最终走向了不同的命运，我们后面再说。

让我们把视线回归到章邯身上。

鉴于这场惨败，损兵折将，章邯决定避开项羽的锋芒，先撤退再说。而项羽虽然紧追不舍，倒也没有再主动邀战，毕竟自己军粮也有限，需要保存实力。

两军相持多日，也许章邯仍像上次那样，期待着积蓄力量，伺机反戈一击。但上天不遂人愿，又或许，大秦的气数终究已耗尽，接下来发生的事情，将彻底改变章邯的立场和命运。

在他领兵在外，竭尽全力挽救秦国于命悬一线时，咸阳内部却和他南辕北辙、背道而驰，正在毫不怜惜地浪费着帝国最后一点元气。

罪魁祸首当然还是赵高，为了独揽大权，他首先劝秦二世不要轻易露面。

赵高道：天子之所以尊贵，是因为群臣只能听到天子的声音，而不见其人。况且陛下尚年轻，诸事未必样样精通，万一上朝言论不当，恐怕私下会被群臣耻笑，不利于维护天子圣明的形象。不如深居内宫，和小臣我共商政事，然后由我出外颁布旨意，如此，则天下将共称陛下为明主。

于是二世自此不再上朝，凡事都由赵高定计。

紧接着，赵高要对付的就是位居三公的右丞相冯去疾、左丞相李斯、御史大夫冯劫。三公是外臣的首脑，只有除掉他们，才能保证无人能分自己的权柄。

在赵高的撺掇下，秦二世以三公不能禁天下盗贼，上无以报先帝、下不为朕尽忠力，能不配位为由，下令治三人罪。冯去疾、冯劫父子自知不免死，叹道：将相不能受辱。遂自尽。

唯独已经古稀之年的李斯，却怀着侥幸之心，仍想苟活。他总觉得自己口才了得，当初能以一封上书驳回始皇帝的逐客令，后来又有拥立秦二世的功劳，或许皇帝陛下心念一动，尚能开恩也未准。

但李斯忘记了这次他的对手既不是始皇帝、也不是秦二世，而是存心置他于死地的赵高。赵高焉能让他活命，既然小罪你不愿认，那就给你再安一个更大的罪名：和儿子李由私通盗贼，企图谋反。本来只是要他一个人死，既然他不愿死，干脆就让他兄弟子女、甚至门下宾客一齐来陪葬。

就在章邯被项梁击败的那个月，李斯以谋反罪被实施五刑。五刑是当时几乎最为残忍的几种刑罚，虽然说法不一，但不外乎割鼻、割耳、斩去脚趾等等一系列施诸肉体的酷刑，等体验完这些痛苦，最后再把李斯腰斩于市，然后夷灭三族。

李斯被押出监狱时，和次子相对而哭道：

吾欲与若复牵黄犬，俱出上蔡东门逐狡兔，岂可得乎！

到临死这一刻，才深感政治的血腥，想过上普通平凡的生活，和儿子牵着黄狗出去打打猎，既可笑又可怜。再联想到李斯本人是法家，正是缔造这些严刑酷法的主要帮手之一，不免令人感慨命运之诡谲。

三公一死，赵高自己当上了丞相，终于大权独揽在手。

这时，章邯围攻巨鹿被项羽击破，节节败退的消息也传到咸阳宫中，赵高既慌又怒，令人责问。章邯也十分惶恐。

之前派来协助他的司马欣自告奋勇，愿意到咸阳把实情向赵高禀告。章邯这才稍稍心定一些。

谁知不多久，司马欣却匆匆忙忙跑回来道：赵高不愿见我，还下令抓捕。

他劝章邯道：如今咸阳赵高一人用事，嫉贤妒能。我等在此与楚军苦战，若不能胜，必死；即便胜之，赵高也一定嫉妒我等功劳，必然设计相害。无论如何，只有死路一条。希望将军好好考虑。

以上是史书记载，而实际上，这个司马欣的一面之词颇有疑点。

疑点之一是赵高有什么理由不愿意见他。如前所述，赵高非但不傻，还是个极其聪明的人，他刚刚执掌内外，若想久居权位，一定不希望镇压反秦军在军事上出现任何差错。疑点之二在司马欣本人身上。他早年竟然是和项梁颇有交情的。这令人不得不怀疑，他自告奋勇的咸阳之行，会不会是和项羽串通好的策反章邯的计划。

无论如何，他的话显然是奏效了，准确击中了章邯心里最大的担忧。作为一名战绩卓著的将领，章邯并不怕打仗，但打完仗之后回到咸阳那未卜的前途，才是他最为恐惧的。

不是我要负大秦，实在是奸臣弄权，令将相无以自处！这个在最危急关头为帝国续命的名将，终于向时运低头，流着泪写下了降书。

第八章　大秦末日

巨鹿之战中被俘虏的王离，是名将王翦之孙，曾经跟随王翦参与灭楚之战，而项羽的祖父项燕就死于那场战役。所以王家也算是与项氏有国仇家恨。王离被俘虏之后就再也没有出现在史书，可能是被项羽杀死了。

但章邯带着二十万士卒投降，项羽非但没有计较他杀项梁之仇，反而立刻封他为雍王。这应该是章邯约降时所谈的条件。

只是项羽始终还是留了个心眼，将章邯一直留在楚军帐中。不让他继续掌控投降的秦军，以防他后悔生变。

章邯的部队则由司马欣接管，司马欣被封为上将军，在前面作为楚军的先锋和向导。把二十万降卒大胆地交给一个降将继续率领，从这样一个任命，也可以看出项羽对于司马欣有多么信任，间接证明了司马欣劝降章邯，应该是早就和项羽之间有预谋。

项羽意气风发，率大军浩浩荡荡向咸阳进发。他已经摧毁了秦国最精锐的部队，俘虏和招降了秦国最后能支撑局面的大将，此刻的秦帝国，在他眼里只不过是个病入膏肓、苟延残喘、不堪一击的将死之人。摧毁这个曾经不可一世的敌人，如同碾死一只蚂蚁，现在已经不费吹灰之力了。

大军行到新安时，发生了一点小小的意外。投降的秦军中出现了一些不和谐的声音，因为这些士兵的父母妻子都尚在关中，他们担心一旦无法灭秦，亲戚将反遭秦国诛杀。项羽因此趁夜坑杀了二十余万投降的士兵。

这个记载也有些不合常理，至少在数字上是很难想象的。也许事实是有部分降卒靠近家乡，发生哗变，项羽为统一军心进行了他认为必要的处理。

不管怎样，小小的插曲并没有影响大军的行进。

真正令项羽出乎意料的是：就在他以为咸阳已经唾手可得时，刘邦的部队竟然已经神不知鬼不觉地捷足先登了。

刘邦大约就是在项羽前往巨鹿助赵国解围的同时，开始了自己的西征之路。在这之前，楚怀王曾和手下诸将有个约定：谁先攻进函谷关灭秦，就把关中秦国之地赐给谁并封他为关中王。从这个约定也可以看出，函谷关在军事上，是处于多么重要的一个位置。

大军在路过韩国故地的时候，恰好张良和韩王成还在为复兴故国和秦军对峙，刘邦助他们击败秦军。出于感激，韩王成派张良随军西进，为刘邦出谋划策。这个派遣后来证明是决定历史之关键，是致命的一步棋，不仅要了秦帝国的命，最后也要了韩王成自己的命。

大军继续向西。在路过军事重地宛城时，城中严防死守，一时没能攻下，刘邦急于西进入关，遂放弃攻城，打算绕道而走。对于他来说，时间非常重要，他要抢在所有人面前攻下咸阳，以便称王关中。

沉稳的张良劝他放弃了这一冒险的计划。他劝谏刘邦道：沛公你虽然情急，但宛城不能轻易绕过。为何呢，因为越是深入秦地，前面秦兵人数越是众多。假如前面的秦军据险防守，我军一时不得顺利前进，背后宛城见机又派兵堵截退路，我军将何去何从呢？这正是兵家所谓的危险之道啊。

刚拔营而走不久的刘邦闻言，吓出一身冷汗，当夜便偃旗息鼓，悄悄引军而还，到天明时，重新将宛城三重包围，摆出一副欲尽诛城内守将和百姓的姿态。

宛城里自然慌成一团。

这夜，忽然有人从城中翻墙而出，自称陈恢，说是要向刘邦来献破城之计。

刘邦半信半疑地看着这名被手下带上来的文士，想看看他究竟能说出什么良策。

陈恢不慌不忙道：我听闻足下想抢先入关为关中王。对否？

刘邦点点头。

陈恢接着道：但我猜足下目前正陷于两难之中。对否？

刘邦不说话。

陈恢道：足下围守宛城，逗留不去，势必延误入关时机。这是一难。若足下强攻，士卒多有死伤，不利将来再战。若弃城而去，宛城必派兵追击。这是二难。足下前则失入关之约，后又有强敌之患。我真为足下感到可惜。

刘邦道：你既是前来献策，何不道来？

陈恢道：足下留而不去，围而不攻，如今城中官民忧心忡忡却一直没有任何举动，是因为不知道足下将如何处置他们。为足下考虑，不如速速派人至城中约降，封赏其守将，然后将城中士兵带走一起西行。如此，守将得其封赏，百姓则能存活，宛城没有兵马不成后顾之忧，而之后一路上各城池听闻足下高义，必争先恐后开门投降，入关之路莫不畅通无阻。

刘邦大喜，听从了他的计谋，宛城和之后的城池果然不战而降，大军一路向着咸阳高歌猛进。

和项羽作战始终自负地将个人意志冠于全军不同，刘邦的西进，手下谋臣张良的计策他也听从，对面敌军说客的献计他也采纳，处处体现着对各种意见的包容。

而在项、刘两军在东面战场纷纷取得胜利的同时，秦帝国内部仍在继续进行着各种权力斗争，继续往万劫不复的深渊堕落。

反秦军的消息已经无法再向秦二世隐瞒，赵高担心二世皇帝问罪，干脆起了杀心。他令担任咸阳令的女婿阎乐率千余人直闯宫殿，一路杀至殿上，准备弑君。路上也没有遇到什么像样的抵抗，因为宫中从上到下是个人都知道，这个国家的实权在谁手里，自己又该站在哪边。

只有大吃一惊的秦二世感到愤怒，他急忙召左右护驾，却无人敢上前。整个殿上仅剩一名内侍在身旁护卫。

秦二世向这名忠心的内侍吼道：你为何不早告诉我丞相有谋反之心？

内侍苦笑道：臣正是因为没早说，才侥幸活到今天还能保护陛下。

秦二世目瞪口呆，许久才回过头无奈问阎乐：将军怜悯，能否让我见一见丞相？

阎乐执剑在手，摇了摇头。

秦二世见状又道：既然如此，我不做皇帝了，这位置交给丞相，请给我一个郡王做可以吗？

阎乐继续摇头。

秦二世又哀求：王我也不要做了，只当个万户侯总可以了吧。

一国之君如此摇尾乞怜，可惜阎乐仍然在大摇其头。

这下秦二世恨不得跪下大哭了，他抱着最后的希望请求道：如此，希望丞相开恩，让我和妻子、儿女到乡间做个普通百姓。

这是他作为天子能想象的最低贱最无奈最过分的条件了。

但他还是低估了赵高，这位自己的老师的心狠手辣。

阎乐道：臣受命于丞相，为天下诛杀足下。足下不必多言了。说罢一挥手，麾下士卒步步向二世逼进。

秦二世彻底无计可施，在绝望中自尽，此时离他登基仅仅三年的时间。

赵高因此召集诸位皇室公子、大臣商议，他认为，始皇帝当初兼有天下，所以称帝，而如今，六国的土地上重新建立起了众多诸侯国，秦国只不过保有关中之地，只宜像战国时代一样称王。因此他提议拥立子婴为秦王，自然也无人敢反对。

关于子婴的身份是个谜。一种说法，他是秦始皇的弟弟；又有一种说法，他是秦二世的弟弟；而在另一种说法里，他是秦二世的侄子，秦始皇的孙子辈。第一种说法在年龄上比较合理。而且如果记性好的话，我们应该有印象秦二世即位时曾屠杀过自己兄弟姐妹的家族。但民间一厢情愿地认为子婴是扶苏的儿子，仿佛这样秦国才能回到正统的继承人手中。

至此，仅仅建立了十五年的秦帝国其实已经宣告灭亡。剩下的是一个虚有其表的空壳，甚至连回到战国末年和群雄并存的局面都已经是个奢望。因为所有的诸侯都已经盘踞在不远的东面，如秃鹰盯着一具将死的躯体一般虎视眈眈。

这十五年，竟然迅速耗光了秦国自商鞅变法以来贮存的所有元气，等待它的，只有死路一条。而仔细回想，让帝国走上绝路的，很难说究竟是独揽大权的赵高，还是昏庸无能的二世，是定下制度基础的李斯，还是那个希望将它传至万世的始皇帝本人。

又或许，帝国中的每一个人，都为这具轰然倒下的巨尸刺上了属于自己的一刀。

第九章　约法三章

　　我们无法确知赵高弑君之后的具体计划究竟是什么。按照权臣的常规做法，也许他杀秦二世，立子婴为秦王，只是第一着。下一步棋，可能会想办法再杀子婴，自己篡位。

　　不过虽然他在秦国已一手遮天，想篡位也并非轻而易举。横亘在他面前的，至少还有两个困难。

　　第一，子婴不是像秦二世那样的傀儡，尽管表面服从，但绝不会事事都言听计从，没那么容易摆布。

　　第二，刘邦的军队在张良的战略方针指导下，放弃了最短的从函谷关攻击咸阳的进攻线路，而是神出鬼没从东南方进逼关中。咸阳已经危在旦夕。即便赵高顺利篡位，好日子能过多久都是个问题。

　　当然很快赵高就不用考虑第二个问题了，因为第一个问题就足够要了他的命。

子婴意识到自己假如不动手，则迟早将成为赵高篡位路上铺垫的尸体，干脆先下手为强。他在接受传国玉玺前的斋戒宫中，安排亲信刺杀了赵高，并夷灭三族，将帝国最大的一条蠹虫掐死，也算是为秦二世以及直接、间接死于赵高之手的秦国公族报了血海深仇。

这次行动保住他的个人安全是够了，对于秦国的命运来说，却一切都为时已晚。赵高伏尸的血泊之上，帝国的残烛之光正在风中飘摇，暗淡微弱，任谁也无法挽救。

四十六天之后，刘邦绕过峣关长驱直入，进驻灞上，也就是今天的白鹿原，和咸阳城仅咫尺之遥。秦王子婴不战而降，带领妻儿、文武乘着用白马拉的素车、身穿丧服、颈绕白练、封好皇帝玉玺、符节，迎接刘邦大军。

当年不可一世的西陲强秦，奋六世余烈，席卷神州，统一天下，最后却以这样一个屈辱的方式宣告灭亡。何其讽刺。而报应之手却似乎仍嫌不够，很快还有更残酷的命运等待子婴和他的故土。

刘邦的军队那一刻情绪有多么高涨，是不难想象的。那些高不可攀世代相传的王侯将相，像小丑一般在路边战战兢兢，服服帖帖。而那个曾经可望而不可及的天下权力、财富的中心，此时就真真切切地矗立在眼前。这座城池、这组宫殿在从东方来的士卒眼里，过去是世间最高贵、最奢华的象征，但如今，它们却像被捆绑的俘虏一般，沉默不语、可以任意宰割。

军队瞬间失控了，都不需要下令，几乎所有人不顾一切地跑进城内，四处搜刮金玉、珠宝，以及一切从未见过此刻却能轻松据为己有的财富。虽然场面混乱，但这却是真实的人性。乱世里大部分士兵，因逼入绝境而从军，寄希望于通过这样的胜利来获得实实在在的好处，从而改变生活的处境。

财富、美女，这一天，咸阳城里肆无忌惮流动着最原始的欲望。

但越是这样，在汹涌澎湃的人性里仍然能保持冷静的，也就是所谓的能成大事者。

这样的人自然不多。

当别人都在大抢金银时，有一个人悄悄地径直闯入丞相府，把府中收藏的地图、文书、典籍等打包收藏。对于他来说，这些东西才是将来治国安邦的无价之宝。这个人正是萧何。

樊哙是另一个冷静的人。这时，连刘邦自己都有些忘乎所以了。的确，他比起别人更应该骄傲和放纵，别人还需要争抢，而他不用，作为军队主帅，眼前的一切已经都是他的了。一个平凡了半辈子的普通百姓，忽然天下最好的宝贝、最美的女子、最富丽的宫殿都归他所有了，换谁都要飘飘然。樊哙身为连襟、好友，太了解刘邦了，他一眼就看出刘邦想赖在宫中不走，连忙把他拉到一边劝谏道：沛公，您是想拥有天下呢，还是只想做个暴发户？

刘邦陷在巨大的喜悦里，一时没回过神。

樊哙正色道：眼前的这些东西，令士卒疯狂，令二世堕落，正是秦国之所以亡国的原因，希望您保持冷静，马上召集将士撤出宫中，整肃纪律，不要令军队陷入无序和纷乱。

刘邦总算听明白了，他当然知道这些道理，但眼前的财富实在太诱人，樊哙的话尽管正确，但他完全听不进去。

直到张良也上来劝，刘邦这才依依不舍地叫停了士卒，领了军队，三步一回头地还军灞上。

张良的话，刘邦很少不听。

喜悦渐渐降温之后，刘邦显示出了他冷静、隐忍的一面。有人劝他杀掉已投降的秦王子婴，他也没有采纳。回到灞上之后，他又召集关中各县的豪强、有威望的老人，与他们约法三章。这一系列行动，可能都是他为了顺利成为关中王的战略，以此来在关中树立一个民众期待的、宽容仁慈的王者形象。

这里需要稍稍解释一下"约法三章"这件事。因为这个词的现代语义，可能会让我们误解，重点是在"约法"上，以为是在夸奖刘邦的言出必行、说一不二。

其实这里的重点不是"约法"，而是"三章"。众所周知，秦朝在李斯的法家政治下，法令是非常细致严苛的，条条框框，无所不备，百姓难以自处，动辄犯法，以致怨声载道。刘邦此举的意义，正是废除了所有秦朝原先的律令，只用"三个"临时法来暂时管理关中：杀人者死、伤人和作乱按轻重入罪。刘邦希望反秦朝之道，营造一个宽松的社会环境和政法环境来迅速赢得关中民心。

尽管汉朝真正立国之后，基本继承了秦朝的法制，严苛程度甚至有过之而无不及，但这临时的措施显然奏效了，关中百姓欢天喜地，视刘邦为仁者，无不希望他能留下来继续当关中的治理者。

城头变幻大王旗，历来百姓最在意的，都不是旗上是什么姓，而是谁能让他们过上安生的日子。

只不过，能不能当关中王，刘邦自己说了不算。

当初的约定是楚怀王提出的：谁先入定关中，谁当王。而这个约定又是楚怀王从项氏手中夺回实权后颁布的，可惜如前所述，楚怀王很快又在兵变里失势。此时此刻真正有决定权的，是那个刚刚救巨鹿、降章邯，新成为诸侯首领，正率领联军日夜兼程向咸阳奔驰而来的项羽。

不仅如此，刘邦还从使者那里得到了一个噩耗：因为按之前章邯和项羽达成的投降的协定，项羽已经封了章邯为雍王，并把关中赐给了他。这就意味着刘邦想留在关中当王的可能性已经几乎微乎其微。

把拼死夺得的富贵膏腴之地拱手让人，刘邦愿意，他手下出生入死的将领和士兵也未必愿意。

任他想破了头，想保有关中，都只剩一个办法，那就是：派大军往西守住函谷关，把诸侯联军挡在关外。

无疑，这是一个迫不得已的险招，因为这意味着，他必须要对项羽和诸侯宣战，前一刻他和项羽还同是楚国一起灭秦的好友，下一秒就要变为互相对立的敌人。而且他十分清楚项羽的战斗力，要以一军之力，抗项羽和数国之兵，敌众我寡，几乎是以卵击石。

选择名利还是安全，这是个问题。

左思右想，刘邦咬咬牙，还是下了向函谷关派兵的决定。

听天由命吧，希望函谷关这道天险，能为我挡住关外汹涌而来的虎狼之师。他想。

第十章　鸿门危机

项羽率诸侯大军浩浩荡荡，进至函谷关下，而关上却竖着楚军的旗帜，心中先是一喜，知道刘邦已经趁自己和章邯相持之时，拿下关中和咸阳城。但又见关门紧闭，关上士兵装束严整、列甲以待，怎么叫都无动于衷、拒不放行，这才明白刘邦分明是打算独占秦地，拒诸侯于关外。

项羽大怒，遣英布等攻关。一番厮杀，刘邦军哪是对手，被诸侯军轻易攻破，进得关来。

项羽继续挺进，四十万联军驻扎鸿门，和刘邦灞上的十万军队东西对峙。

接下来要发生的故事耳熟能详：鸿门宴。因为太史公司马迁的生花妙笔，这段描述在《史记》中成为最精彩的篇章之一。然而我却想特别说说其中一些可能存在的误读。

先来看看《史记》中是怎么描述这一惊心动魄的事件的吧。

　　刘邦的左司马曹无伤见情形不妙，首先叛变，暗中派人去项羽那里告了一状以求封赏。他说刘邦想占据关中称王，把秦国的财富统统占为己有。而范增此刻也煽风点火，劝说项羽道：刘邦当初为人贪财好色，如今一入关，分毫不取，我看他必定志气不小。不如速速将他剿灭，万勿错失良机。项羽因此下令，待第二日天明，士兵饱餐之后大举进攻。

　　当夜，有一骑从项军中飞奔而出，直至张良帐中。从马上下来一个神色慌张之人，正是项羽最小的叔叔项伯。许多年前，张良曾经于他有救命之恩，他怕第二日交战有什么闪失危及恩人，故连夜来通知张良赶紧离去。张良闻听，也知道敌众我寡，难以匹敌，忙让刘邦盛情款待，请项伯从中调和。

　　刘邦对项伯道：我自入关以来，不敢动关中一分一毫，登记吏民，封存府库，日夜盼望项将军。之所以派兵守关，是为了防备其他盗贼，以防万一，焉敢背叛。请兄长务必为我禀明项将军。

　　这里有个细节要注意。刘邦又与项伯约定为儿女亲家。项伯因此允诺下来，但嘱咐刘邦必须一早亲自前往项羽营中道歉。

　　于是第二日，刘邦率百余骑至鸿门，当面致歉。项羽设宴招待刘邦。其间，范增多次用眼神、用随身佩戴的玉玦示意要杀死刘邦，项羽却始终默然不应。范增出门唤项庄舞剑助兴，欲趁机将刘邦击杀当场。不料项伯也看出此意，拔剑起舞，时时用身体蔽护刘邦，令项庄不得下手。

　　张良见情势危险，也出去找到随行的樊哙道：事急！樊哙二话不说，拿着剑和盾便直闯军门，护卫上前阻拦，纷纷被他用盾推倒在地。

樊哙入得军门，怒发冲冠，直视项羽。

项羽赐樊哙酒肉，樊哙也毫不胆怯，当场就用手中剑割肉大嚼，并厉声道：当初楚怀王和诸将军约定，谁先破秦入咸阳者，当为关中王。如今沛公率先入关破秦，分毫不取，封闭宫室，还军灞上，以候大王。沛公如此劳苦功高，不但未得封赏，反而要因小人谗言被诛，我私以为大王此举，殊不可取！

项羽无言以对。

刘邦趁如厕，叫出樊哙，和夏侯婴等人抄小路偷偷溜回灞上，总算是逃离了危险。他留张良另献白璧和玉斗各一双给项羽赎罪。范增见状，愤懑不平，对项羽极度失望，大叹：竖子不足与谋！

以上便是鸿门宴的前因后果，在司马迁的妙笔之下，仿佛一场表面平静、暗中杀机四伏的好戏，历来被认为是《史记》中的名篇之一。又因为矛盾冲突明显，情节张力十足，也无数次被搬上银幕进一步演绎。但细细推敲，这场宴席的紧张气氛应该是被当事人或者好事者夸大不少，其中也有不少需要理清或澄清的细节。

我们不妨来仔细分析。

首先，项羽为什么会对刘邦的行为大发雷霆，他在意的究竟是什么？

有一部分人会以为，项羽是想和刘邦争关中王这个名号。

这个几乎是不可能的。其一，项羽早就在章邯投降时，就封其为雍王，准备把关中给章邯了。其二，之后也有人建议他定都关中，项羽的回答很经典，众人皆知。他说：人富贵了不回故乡，不就像穿着漂亮的衣服在夜里行走吗，有谁看得到？（富贵不归故乡，如衣绣夜行，谁知之者）因为这句话，他还被嘲笑为"沐猴而冠"。足见，项羽并不留恋关中这片土地和关中王的名号。

但是项羽不在乎这些，不代表你刘邦就能自作主张，占为己有，用现在的语境说就是"话事权"必须在我项羽手中。你要，我可以给你，但是我没开口，你就不能抢。

再往深层说：刘邦如约当关中王，是遵照楚怀王的约定；而章邯王关中，是项羽的决定。表面上是刘邦和章邯之间的选择，暗中却仍是楚怀王和项羽的权力之争。

另外，虽然关中的土地项羽没兴趣，但咸阳城里世所罕见的巨大财富还是有着极大吸引力的。所以项羽才会在鸿门宴之后屠杀秦人、烧毁宫室，将金银、珠宝、妇女洗劫一空，准备带回故乡。

项羽的愤怒，来自于刘邦试图挑战他名位和财富的支配权。

其次，项羽究竟有没有杀刘邦的打算？

从情理上来说，刘邦和项羽之前同隶属于项梁，他们一起转战各地，怎么也算是有过共生死的同袍之谊了。况且西向入秦，本就是楚军的既定战略，至少在表面上，他们仍然是同属于楚国的战友。的确，刘邦是派兵驻守函谷关了，但这完全是说得过去的，毕竟在关外尚有秦国未降的郡县随时可能反攻。事实上，刘邦就是这么向项羽解释的：备他盗出入。

如果在鸿门宴上杀死刘邦，还有可能激反灞上的刘邦军队。刘邦本来的兵力虽然不多，但一路上收编了多少，秦国投降后归降了多少，项羽对此也并无把握。他没有任何理由在此时挑起一场楚军之间的大内斗。

可能有人会说：他之前不也杀死宋义吗，为什么此刻就不能杀死刘邦？杀宋义和杀刘邦之间的区别那就大了去了，宋义是夺项氏军权、甚至是导致项梁身死的主要黑手，并且宋义并掉的是项氏的旧军，本来就没有自己的嫡系支持。而刘邦就不同了，一来没有旧怨，二来刘邦的沛县嫡系团队忠诚度不容小觑。相比冒险杀死刘邦，项羽更需要的，其实是刘邦的低头认错。

而只有当项羽不想杀死刘邦，项伯这个关键人物的一系列行动才解释得通。

项伯的夜访，显然不是给张良通风报信，而是奉了项羽之命出使，目的是促成刘邦亲自登门道歉。为了达成这一任务，项羽军中故意作出第二日要攻打刘邦的样子施加压力倒是有可能的。

我们再看之前标出来的细节：也只有作为使者，而不是走漏风声者，项伯才敢大胆接受刘邦约为儿女亲家的提议。否则的话，假设项羽已经明确要杀刘邦，项伯怎么可能愿意和一个将死的敌人沾亲带故？

在鸿门宴上的表现则更能说明问题，假若项庄舞剑并非虚构，项伯的行为几乎就是项羽意志的体现。首先在坐席上，他是坐在项羽身边的，可见关系之亲密；其次，不是项羽授意，他再蠢也不至于在主帅面前用身体庇护一个主帅想杀之人。

基于以上几点，我才认为鸿门宴是一场事后夸大的会谈。当然要说一点危机都没有也不可能，刘邦的心情显然是非常忐忑的。我们读史者可以事后进行上帝视角的分析，但身为当事人，刘邦无法得知项羽的真实想法。所以他必须诚恳道歉、并让张良致以珠宝等物质性的补偿，最后还是放心不下，宴席未散就匆匆地借口离开。

好在得到他的歉意，拿回话事权之后，项羽就已经满足了。

一个刚刚二十多岁的年轻人，踏在帝国的尸体之上，站在天下权力的中心咸阳，号令诸侯，统帅百万之师，怎么自矜、怎么骄傲都不算过分吧。刘邦的小贪心，对于他来说，只是个随手化解的小插曲而已。

第十一章　兵仙亮相

得到刘邦的认错,鸿门和灞上的两支楚军避免了一场内战。项羽放心引兵西入咸阳,屠戮秦地吏民,之前为刘邦善待的秦王子婴也被诛杀,终于没有逃过噩运,成为了秦楚这一对世仇最后的牺牲品。项羽还焚烧宫殿,尽收金银、宝物、美女,准备带回故乡。

在离开关中之前,项羽还召集诸侯各军的首领,做了另一件大事:重新分封诸侯。

项羽在关中分封诸侯是件非常有意思、非常值得讨论研究的事情,其中充满了各种利益的计算,又因为这种利益分配的矛盾,直接体现了项羽本人的战略思路、以及决定了今后的天下大势。这并不是一次简单的论功行赏,而是比鸿门宴更精彩、更重要的时代的转折点。

先说分封的结果:项羽把天下分成了十九个小的王国,在秦始皇奋六世之余烈终于统一之后，到这时重新分裂得比战国时代的七雄局面更加复杂，仿佛是一次用力过猛之后的反弹。

然后我们再来分析，为什么项羽只是个将军，却有资格在灞上主持这样一次封侯。

这还得从巨鹿之战后说起。当时巨鹿城外，有各国前来解救赵国的将军，包括项羽自己就是，他们起初都是奉了本国国王之命前来营救的，那么在巨鹿之战胜利后，按照规矩，他们都应该迅速领军回国复命。然而这些将军大部分都没有这么做，而是选择了以项羽为首领，一起继续西进灭秦，这在实际上，已经形成了对本国国王的抗命和叛逆。事实上，这点后来成了刘邦数落项羽的十宗罪之一。

那么他们为什么甘愿抗命呢？无非是两个原因，一、看中了项羽的实力确实有灭秦可能。二、项羽承诺了灭秦之后对他们的封赏。

所以项羽对待这些跟随他入关的赵、魏、齐、燕的将军封赏都采取了同样的原则：派他们回到国内，取代原来的国王，然后在国内划出一小块比较差的地方，安置旧王。

被提拔的新王自然欢天喜地，而被发配的旧王有的屈服于项羽威权，有的则得知消息后当即表示绝不服从。

项羽这样分封虽然是为了兑现承诺，但好处也是显而易见的，原先的大国被分割成实力微弱的小国，又能激起内斗，同时在每个势力都培植了亲信。

但这样做的缺陷也很明显，项羽等于同时挑起了几位诸侯对他的不满。多方树敌的结果最后被证明是致命的，正是因为这些诸侯后来不断地在后方袭击，牵扯项羽的精力，才导致了项羽始终无法在西面战场彻底击溃刘邦，一步步丧失优势局面。

其中对待韩国的分封，尤其是昏招。项羽因为韩王成派张良助刘邦，非常不满，所以虽然仍然封他为韩王，但扣押了他，不让其回国，不久又将其杀害。这一决定将在未来显现出它致命的后果。

以上是函谷关东面的分封局面，接下来就是函谷关以西更为重要的分封了。

第一块是巴蜀，封给了灭秦的首功刘邦。巴蜀地处西南，偏远中原，这几乎是带着惩罚性质的封赏。幸好张良贿赂项伯，为刘邦多求得了汉中一地。

第二块则是关中秦地，项羽早就承诺了要封给投降的章邯。但是他在这里又耍了个心眼，把关中一分为三，章邯为雍王，只领到了咸阳以西的部分；而当初章邯的两位下属，劝其投降的司马欣和董翳各取其一：董翳为翟王，占据北面的上郡；司马欣为塞王，占据咸阳以东。

这个分配在地理位置上看，假如刘邦想要东进夺取天下，章邯恰好挡在了他出汉中的路上。而项羽一直对投降的章邯其实也并不放心，章邯如果想东进，司马欣又恰好挡在了他出关的路上。这也再次印证了我们之前认为司马欣早就和项氏暗通，故意设计劝降章邯的看法，司马欣才是项羽一直以来最信任的那个。

在这其中，章邯可能非常不满，但却无能为力。他本有实力和楚军一搏，然而复杂的形势里他丧失了准确的判断，交出了兵力，到最后项羽对他的承诺也没有百分百兑现。如今他既要被司马欣监视着，又要接受秦地老百姓的指责。至少有两件事要归咎于他，一是投降的秦兵曾被项羽坑杀，这些秦兵，都是秦地老百姓的家人。二是正因为他的投降，才令项羽顺利进入函谷关，对当地吏民进行屠戮。项羽东归而去，章邯却不得不留在故地承受罪孽。一切仿佛因果报应一般，即将压到这位曾经苦苦支撑秦朝最后命运的大将身上。

项羽这个把关中秦地一分为三的决定，也给地理和文学贡献了一个新名词：三秦。如唐朝诗人王勃的《送杜少府之任蜀州》首句：城阙辅三秦，风烟望五津。我们就知道这个三秦指的是关中秦地。

最后，项羽封自己为西楚霸王，以楚地的彭城为都。正如他自己所说，富贵了必须要回到家乡让所有人看到才有意义。同时别人都称王，而他独称"霸王"，也充分显示了他睥睨天下、心高气傲的胆色。

关于项羽为什么不称帝的原因也值得说一下。

很多人以为项羽觉得秦始皇称帝而二世即亡，所以不相信帝制，又有人以为他就是只想当霸王，没有远见。这成了项羽最常见的为人诟病的一个性格弱点。

仔细想想，项羽真的是这样吗？他真的不想称帝吗？

其实如果你还记得他曾在观始皇帝巡游时说过"彼可取而

代之"，就知道其志必不仅限于当霸王了。

他在分封时不称帝，只是因为暂时受限称不了而已。而这个限制他的人，就是楚怀王。

尽管项羽实际上控制了楚国军权，但名义上，楚怀王仍是一国之主。同样，虽然实际上是按照项羽的意志在分封诸侯，但形式上，他仍要向楚怀王报告一下。有楚怀王在，他怎么可能堂而皇之地越过怀王直接称帝呢？

所以项羽只能行权宜之计，先尊怀王为义帝，然后徐徐图之，比如派英布等人将他杀死，达到上面再无尊者自己可以进位的目的。只不过后来战局的形势一下子恶化导致他无法顺利进行计划而已。但他特意在诸侯王和义帝之间为自己保留了"霸王"这一称号，其实已经相当明白地宣告了自己想称帝的意图。

项羽在霸上分封诸侯从二月开始，持续到四月方结束。关东诸侯纷纷从关中罢兵，回到封国去处理和旧王的关系。

这两个月期间，从灭秦首功到被分封在当时中国的边陲之地，刘邦自然极度不满，他甚至起了领兵攻项羽之心，周勃、灌婴、樊哙等人苦苦相劝，萧何也进谏道：汉中之地虽然鄙陋，不比送死好吗？

刘邦还是愤愤不平，怒道：怎么就送死了？

萧何道：兵不如人，勇不如人，必然百战百败，还不是送死吗？暂时屈居一人之下而取信万民，这是当年商汤和周武王的做法。臣愿大王耐心在汉中称王，畜养百姓，招纳贤人，收巴蜀民心，再反击三秦，东向出关，则天下可图。

这一番具有操作性的战略意见总算把刘邦劝住了，于是他以萧何为丞相，收拾人马，准备西入汉中。

而这时，张良也不得不和刘邦告别，因为韩王成被项羽扣留，张良作为韩国国相，必须亲自去治理业已恢复的故国。但临别时，他仍然向刘邦献了一计，劝刘邦一边西行，一边烧毁身后的栈道，表示自己绝无东归之心，让项羽放松警惕，同时也免除章邯进攻汉中的危险。

刘邦照做了。这段时间以来和张良的相处，两人对彼此都有了更深入的了解，一个在对方身上看到了独特的人格魅力，一个在对方身上看到了卓绝无双的智慧。

未来的君臣二人，在灞上依依惜别。

可能刘邦更不舍一点，毕竟离去的，堪称是史上最伟大的智囊。

但另一件事在无形中向着对刘邦有利的地方转化：在诸侯各自散去之前，手下的士兵进行了一次规模无法预计的重新分配。毕竟这么多支军队驻扎在一起两个月，很难阻止人员的流动。而项羽不知道出于什么原因，也从自己麾下划了一部分士兵跟随刘邦进入汉中。

在这批不知是自愿还是被划归的将士当中，有个人叫作韩信。

第十二章　　**韩信拜将**

韩信的前半生完全可以和失意、落魄这些灰色的词画上等号。

他是淮阴人，家中十分贫穷，平日里也没有什么值得褒扬的善行。在当时，即使是想做个地方上的小吏都需要一定资产或人品，所以韩信没有任何机会。他更不会做买卖谋生，难免日益窘困，只能常常到别人家里蹭饭吃，时间一久，无人不厌。

有时饿极了又不想看人脸色，他也会去河边钓鱼。有一位在河边漂洗衣物的老妇见他食不果腹，面黄肌瘦，拿了碗饭给他。韩信喜出望外，对老妇道：一饭之恩，将来我一定会重谢您作为报答！

换做谁听到一个如此潦倒的年轻人说这种话，大约都不会过于当真。

老妇显然也没有，甚至有些生气对他道：男子汉大丈夫连自己都不能养活，还说什么重谢。我接济你也是看你可怜，难道是贪图报答？

韩信虽然穷困，一柄佩剑却从不离身，舍不得典卖，说明他还以士人的身份自居，维持着他仅有的尊严。淮阴屠户中有一位恶少年见状，有一日故意在街上拦住他。

恶少故意挑衅道：你高高大大，每日带着刀剑，不过我料你也只是摆摆样子而已。

韩信没有理睬，探身想从旁边过去。

恶少横跨一步，又将他拦住。

韩信冷冷地看着恶少，不知此人究竟要干嘛。

而恶少见他默不作声，更是来劲，在围观者的起哄中高声道：想走也可以。你若有胆，现在就拔剑刺我，从我尸体上过去；否则，就乖乖从我胯下过去。

韩信表情麻木地盯着恶少年看了许久，慢慢趴下身子，从裆下匍匐而过，满街的哄笑声响彻耳畔。他爬起来，依然毫无表情，头也不回地离开了集市。

尽管他二话不说，但耻辱的感觉想必无法一时消遣。也许自那一天起，他开始无比盼望机会的来临。

机会很快来了，项梁领着军队渡过淮水的时候，韩信听说了。他连想都没想就毅然仗剑参军，和同乡其他渴望改变命运的男子一起加入了项家军。平淡的日子里只有贫穷和歧视围绕着他，他太需要通过征战沙场来立功扬名，洗刷掉前半生的耻辱了。

然而对于一名刚入伍的普通士卒而言，从万千人中脱颖而出谈何容易。正所谓"一将功成万骨枯"，大部分军士的结局，只不过是默默死于某场战斗中忽然射过来的一支冷箭，或被敌人的刀枪刺破身体身首异处，成为日后荒烟蔓草里的一具无名白骨而已。

韩信也不知等待自己的是什么样的未来。但起码，机会和危险同在。

韩信跟随项梁转战各地，始终籍籍无名；等到项梁战败身死，他又归到项羽麾下，这才勉强做了一名郎中。他抓住机会屡屡献策，但年轻刚勇的项羽一向坚持自我主张，把个人意志凌于全军。经过了楚怀王和宋义的兵变之后，项羽对非项氏集团又猜忌到了极点，用后来陈平的话说：项羽只信任项家人，以及妻族，也就是外戚。所以又怎会听取韩信这样一个无名小卒的进言呢？

恰好项羽在关中召集诸侯将帅大行封赏，将他和一批士兵划归了刘邦。我之所以认为是划归的，而不是韩信自愿。有两个原因：一是跟随刘邦行军入汉中，一路上已经没有机会立功，但韩信在途中能有机会和萧何与夏侯婴交谈，并得到推荐马上担任负责军粮的治粟都尉，显然是带着职务来的。二是东方的士卒，几乎没有愿意久居汉中的，当时诸王众多，韩信即使不愿意继续跟随项羽，仍然有很多的选择，去赵国、魏国、韩国、齐国都可以，何必非要是刘邦？

也因为第二个原因，刘邦西入汉中的一路，是军队士气极其低落，怨声载道的一路。他手下从将相到普通士卒，家乡都在东方，说是"反秦"，其实作为个人，没有哪个不是想求得富贵，衣锦还乡的。关中已经是这些人心目中能接受的西方的极限，而再往西南的巴蜀之地就不能算是中原了，而且蜀中崇山峻岭、地势险恶，和他们习惯的平原生活也不尽相同。思归的情绪如瘟疫一般，迅速在军中传染、蔓延。

从关中动身以来，陆陆续续有士兵逃亡，哪怕一路乞讨也要回到关中或者更远的东方去，甚至连一般的将领都不见了十几个。行到南郑时，韩信对自己在刘邦麾下的前景也绝望起来，治粟都尉这个职务显然并没有达到他的心理预期，而将久居西方不得立功的机会更使他黯然。怀着失望的惆怅，他也找了个机会溜走了。此时天下诸多王国刚刚得封，百废待兴，哪里不能成为他韩信建功立业的地方呢？

眼见不断有人逃亡，刘邦也顺其自然，心不在的士兵，勉强他们跟从也没有任何意义。但刘邦最后终于忍不住发怒了，因为他要找萧何的时候，发现连萧何也不见了。

刘邦没办法不生气，当时我对封地不满要攻打项羽，是你萧何劝我先到汉中招兵买马养精蓄锐的，我这头走着，你那头却自己溜了。更何况自沛县起兵以来，以萧何为首的这帮旧兄弟，也确实一起出生入死，历尽艰辛，在灭秦过程中起到了至关重要的作用。萧何这一走，他顿时感觉遭受了极大的背叛，像失了左右手一般。

一两天后，他仍在火头上，萧何却急匆匆地从外面回来了。

刘邦又怒又喜，忍不住骂道：你小子怎么做逃兵了？

萧何不敢隐瞒，如实禀告：臣不敢做逃兵，臣这是追逃兵去了。

刘邦不禁好奇问：什么人这么重要，需要你亲自去追？

萧何答道：韩信。

不说还好，刘邦一听气又上来了，骂道：跑了十来个将领，你不追。韩信只不过是个新来的都尉，你追他作甚，休想诓我！

萧何正色道：诸将易得，但是如韩信者，国士无双！大王您若是只想在汉中享乐，那倒也用不着韩信。您若一定要争雄天下，除韩信，无人能为大王解忧。现在就看大王您的志向了。

刘邦道：我不争天下的话，难道一直赖在这个破地方吗？

萧何道：如此，韩信留不留下，就看大王肯不肯用他了。

刘邦道：那我就看你的情面，拜他为将吧。

萧何道：只是为将，恐怕韩信仍然不留。

刘邦道：好了好了，那就拜他为大将军，统领诸军。

萧何这才道：此乃汉之大幸！

说罢他又恳求道：大王您平时对人轻慢无礼，这正是韩信离去的原因。今拜将之事不能儿戏，希望大王择取吉日，斋戒设坛，备足礼仪，如此方可。

刘邦一一答应下来。

到一切就绪那日，樊哙、曹参等众将领见隆重其事，又知道是要封大将军，一时人人心中暗喜，都以为劳苦功高，非自己莫属。等到韩信端正肃穆地登坛受封，持节统领众将，全军无不震惧惊骇。

　　不知韩信站在坛上，心中是何感受。这个时刻，距离他参军作战仅仅两年左右的时间，他就成了军中的最高武职。可能他会觉得人生就像预期的一样，正在面前打开最美好的风景；也可能他心里升起对刘邦和萧何无限的知遇之恩，毕竟这样的待遇他没有在项梁和项羽那里得到。当然他也不会预料到，这个恩惠最终会以什么样的方式向他索取回报。

第十三章　君臣好戏

刘邦拜韩信为大将军之后，便邀他上座问他争天下之计，萧何如此推崇，他还是想亲自掂掂韩信的斤两。

刘邦开门见山：丞相屡次推荐将军，不知将军有什么妙计可以教给寡人？

韩信简单道过谢，也直截了当地反问一句：大王想蜗居汉中呢，还是想东争天下？

刘邦老老实实答道：我等都来自东方，岂欲终老此处，当然是要一争天下了。

韩信又问：请问大王东争天下的最大阻碍，是不是项王？

刘邦点头称是。

韩信继续追问：论勇悍，大王您与项王比怎么样？

刘邦默然，大概在想这不是明知故问，要我难堪吗？许久才道：这点我确实不如他。

韩信道：在我看来，也是如此。

刘邦心里暗暗骂娘。

韩信又道：不过我曾经臣事项王。项王为人，叱咤风云，无可匹敌，然而也因此不能信任和合理使用麾下良将，他的勇，不过是匹夫之勇。项王平时对人恭敬慈爱，士卒有疾病，常落泪关照饮食，但一到为有功之士封爵赏土时，却恋恋不舍，难忍割爱，他的仁，不过是妇人之仁。项王霸绝天下、诸侯称臣，但不居关中王地，而以彭城为都，又背义帝之约封赏不均，诸侯不平。项王所过之城，无不残灭，百姓切齿痛恨，因此虽然自称霸王，其实早已令天下失望。

韩信又道：若大王您能反其道行之，善用良将，何所不诛？以所取城池封赏功臣，何所不服？以思归之义兵东向作战，何所不胜？

这一番话说得刘邦心里美滋滋。其实刘邦和项羽一起攻城伐地有不短的日子，项羽的为人，他没道理不清楚。但韩信头头是道地再分析一遍，与他不谋而合，这才令他觉得萧何并没有推荐错人。

而韩信尚没有说完，急于表现的他接下来又分析了从汉中袭击三秦的可能性。

他道：如今章邯、司马欣和董翳为关中三秦之王，这三人过去都是秦将，率秦国士卒投降项王以致被坑杀无数，秦地的父老对其可谓恨之入骨。而大王您当初首入关中，约法三章，秋毫无犯，秦民无不希望大王您能为关中王。大王只需举旗向东，三秦可立时而定。

刘邦喜上加喜，于是下令全军所有将领听从韩信的战略部署。

以上都是史书记载。那么问题来了，韩信拜将的故事看到这里，你有没有觉得哪里不太对劲呢？

在这几章里，为什么我总是不厌其烦地要找出不合理之处？这和《史记》的写作特点有关。我们了解的这段历史描述，文字来源几乎只有太史公司马迁的《史记》一书。而司马迁能接触到的素材，一方面取自官方记录，一方面是当事人或者其后代的口述。而又因为农民起义军里可能缺乏正式的史官，很多战争期间的东西都需要靠后来的回忆和补录。如你所知，口头的东西往往最容易或语焉不详、或缺漏不全、或添油加醋、或张冠李戴，这也是为什么一个朝代建立前期，特别是战争时候的事情，往往听起来很小说化的原因。

正因为如此，所以才要从其中抽丝剥茧，从情理实际出发，尽量去还原事件的真相。

韩信拜将的事情，我们可以设身处地地想一想。假使你就是刘邦本人，你会仅仅因为萧何的推荐，就把一个刚从项羽营里过来的韩信，置于从沛县跟着他出生入死的所有兄弟之上吗？

不仅刘邦不可能，萧何作出这样的建议也是不太合情理的，除非他知道刘邦想这么做。

但刘邦的确这样做了，一向厌恶形式主义的他还隆重其事，大搞拜将仪式，除了韩信的能力以外，刘邦一定有他自己的政治动机。

刘邦的动机是什么呢？他需要解决自己比较棘手的困境。

第一，他想争天下，他不想老死在偏远山区。但是天下刚定他又刚受封赏，如果立刻东归，他需要一个正当的理由。

第二，东归就意味着对项羽的反叛，也意味着要打仗，和章邯打、和司马欣打、和项羽打，而他的军队势单力薄，刚刚还在函谷关被项羽击溃，一路上逃跑无数，士气极度低迷。

师出无名、兵无斗志，这是刘邦此时此刻最需要靠韩信来解决的两个问题。

所以你看上面韩信一拜完将，和刘邦谈的几番话是什么意思。

第一是分析刘邦受到的不公，第二是章邯和司马欣在秦地的民意不佳，第三是项羽为人有哪些缺陷。

既然受到了不公，那刘邦出师则有名了；既然章邯不得民心，那东出平定关中秦地则易如反掌了；既然项羽有种种缺陷，那自然有可能和他一较高下了。

多么有针对性的一番演讲。

为什么我说是刘邦借韩信之口说这些话呢，因为刘邦听到这些话之后的反应是"大喜"。这个反应可太奇怪了。刘邦自己不知道自己受到的待遇不公吗？刘邦和项羽一起攻城略地很长时间，不知道项羽为人怎么样吗？既然刘邦心里都有数，至于这么大喜吗？他大喜的原因，不是在于韩信说出了多么创新的话，而是在于韩信正好说出了自己想听的，并且希望手下众将领也听到的话。

而由韩信，一个一直在项羽营中任事的将领说出这些话，显然比刘邦说要更能激励士气。你看，连项羽的手下也都认为我们受到不公，认为项羽必败，你们还怕什么呢？

这才是刘邦郑重其事拜将韩信的主要原因，他太需要演这一场戏来给低迷的士卒看了，别忘了，这个时候，他手下的将领和士卒都在纷纷逃跑。

我们现在再来还原整件事情，就可以了解个大致的来龙去脉了。刘邦和萧何对于如何激励士气，想到了一个拜将的主意，而这时，需要一个人选，既有真正行军打仗的能力，又能有说服性的理由让士兵相信项羽必败，汉军必胜。

因此，来自项羽军中的韩信适时出现了。所谓拜将，只是君臣之间一场默契的戏。

但对于韩信来说，这就是人生最好的机会，也是最巨大的一个挑战。慷慨激昂地献完计策后，他必须立刻全身心地准备好汉军东出的第一仗了。这一仗，也许就决定了他的大将军能当多久，甚至直接决定了刘邦和众人的生死存亡。

第十四章　章邯之死

　　刘邦四月从灞上起行前往封地，拜韩信为大将军之后，八月就按照计划出兵，回头进攻关中的雍王章邯。过去的诸位将领悉数跟随，只留萧何在后方负责收巴蜀两地的租赋，接济前线的军粮。

　　他不能等，在偏远的边境，时间一长，贪图安逸的会懈怠，人心涣散的会逃亡，更何况这时刘邦已经五十岁出头，时不我待，要么主动出击，要么坐以待毙，没有第三条路可以给他选。

　　汉军火速袭击了陈仓，由于行动太过突然，刚坐稳雍王位置不久的章邯在缺乏准备的情况下被迎头痛击。在古代的地名里，凡是叫"仓"的，一般都是大型的粮仓、军事要地，比如"陈仓"、"敖仓"、"太仓"。所以这一仗至关重要，夺取敌军粮仓，既解决了汉军东出的补给难题，又在相当程度上削弱了对手的战斗持久力。在后世，这一仗还被演义成韩信"明修栈道，暗度陈仓"，而《史记》里只是说"从韩信计"，并不能确定这个"计"是指韩信拜将后所献的出兵关中的大战略，还是具体攻打陈仓的小计谋。

首战告捷无疑极大地鼓舞了汉军士气，以及刘邦和韩信的信心，一切都如他们在拜将之后预想的那样在顺利进行。接下来汉军又追击章邯到好畤，再一次将其击败，逼使他率领残兵退保废丘。见章邯已无还手之力，刘邦也就放心地兵分几路，四处攻城略地。

与章邯坚守不屈不一样，另外两个瓜分秦地的塞王司马欣、翟王董翳就有些不堪了，几乎不战而降。当年他们在章邯麾下时，似乎也是如此轻易地就决定了投降项羽，投敌投得仿佛成了一种惯性。

而这三人中，唯独章邯身上有一种悲剧的气质。从他起初临危受命，支撑秦朝大局开始，就已经注定了踏上一条坎坷崎岖的命途。命运的转折是从他和项羽达成协议开始的，之前他是秦楚战争当之无愧的主角，是战无不胜的名将，但此时，他已经沦为楚汉相争巨大幕布下一个无关紧要的背影。他的战斗力也发生了天翻地覆的转变，史书里再也没有任何他挥斥方遒的细节，只是寥寥数字记载他的失败、他的退走。很难想象这么一个沉闷落魄的败将，是当年叱咤风云、令诸侯闻之胆寒的秦朝统帅。

章邯在苦守废丘半年多之后，被汉军引水灌城，兵败自尽，完成了自己悲剧的一生。

他没有像之前对待项羽那样，希望和刘邦达成某种协议来保住自己的权力和财富，这给后人留下了巨大的想象空间。为什么他不投降呢？是因为他重视出身，所以尊敬名将之后的项羽而瞧不起平民刘邦和韩信？是因为之前投降导致项羽屠杀秦民秦兵令他背上骂名不敢重蹈覆辙？是因为有愧于秦地父老所以欲以身相报？又或者是刘邦根本就没有打算留章邯一条活路以防止后患？个中因缘，只能凭主观猜测了。

而在刘邦迅速夺取关中秦地的这段时间里，项羽没有派兵来阻止这一切的发生，此刻他正自顾不暇。缘于他在灞上时不公的分封，东方的齐地、赵地、燕地等早就纷争四起，不时地骚扰项羽，令他不得不把精力先用来平息东方的纠纷。特别是齐地，之前我们曾提到过，齐国王室分为新旧田氏两派，新田氏夺取政权后曾帮助楚怀王对付项氏，所以项羽又在分封时扶持了旧田氏。新田氏干脆再次兵变杀死旧田氏，向项羽宣战。

除此之外，张良也起到了迷惑项羽的作用，他修书告诉项羽说：汉王刘邦之所以袭击关中，只是因为当初的约定没有兑现，心里不平，得到关中他就不会再有任何出格的军事行动了。

但项羽很快发现刘邦志不在关中，因为汉军已经兵分几路，朝着魏国、韩国等地大举进军。这里头又属韩国的形势最麻烦。为什么呢，韩国当初在韩王成治下，是亲刘邦的。所以项羽一直把韩王成留在身边，不让他前往韩国，以免他和刘邦左右夹攻章邯等。但现在刘邦拿下三秦，势必不能再让他轻易取韩国。

项羽左思右想，做了一个在他看来妥善的决定：杀死韩王成，派亲信郑昌前往韩国为王，抗击汉军。

这但个决定的副作用简直是太大了，大到无法估计。

在郑昌前往韩国时，张良二话不说，偷偷溜走了。他没办法再继续待在韩国，他一辈子的愿望是像祖父和父亲那样，做韩国的国相。你项羽倒好，先杀了他的主公韩王成，再把韩国交给一个姓郑而不是姓韩的人打理。在重视祭祀的古代，这就等于已经是灭了张良的祖国了，也灭了他继续担任韩相的理想。

张良虽然长相柔弱，但内心坚决。当初秦始皇灭韩国，他可以散尽千金只求博浪沙一击；如今再次被灭国，无疑项羽取代始皇帝，成了张良此生最大的仇敌，从而重新在他心中埋下了复仇的种子。

张良一路潜行，投奔刘邦而去，这是这对君臣的第三次相见，从此再也没有长时间分离。张良向来体弱，所以从不领兵，只是时时跟随在刘邦身边，出谋划策，运筹帷幄。

可以说，是项羽一手把张良逼到了汉军营中，也渐渐把自己逼到了绝路。

项羽派出的郑昌到了韩国就被汉军击败投降，击败他的是另一个韩信，此韩信非大将军韩信。这位的出身可高贵多了，是昔日战国时期韩襄王的孙子，灭国后流落民间，后来被张良发现，时时跟随张良，所以也归了汉军。这时他领兵收复韩国，恰好韩王成已被项羽杀死，刘邦干脆就命他为新的韩王。为和大将军韩信区分，在史书里一般称其为韩王信。

韩王信收复韩国不久，刘邦自己的一路人马，也北上相继降服了魏王豹，俘虏了殷王印。

　　因为殷地的失陷，项羽暴怒，要诛杀一批相干人员，又有一人惶惶不安，封好项羽赏赐的金银和印章，悄悄投奔了汉军。

　　这人名叫陈平，没错，正是后来离间范增、拯救刘邦、计定汉室的那个陈平。

　　在项羽所有的缺点里，刚愎自用，用人之失是最致命、最无可挽救的问题。而刘邦阵营里，却正在缓缓集聚各种天才的力量。

第十五章　捐地求援

刘邦一路高歌东进，项羽并非毫不在意，而是脱不开身。这个时候，他正在率领精兵平定齐地新田氏的动乱。

且不说新田氏助楚怀王夺项羽军权的旧仇，仅从地理位置上讲，齐地与项羽的西楚接壤，邻人起火，势必殃及自身，因此项羽才会亲率主力去维持自己当初定下的秩序和霸权。

刘邦正是趁这段时间，定关中，降魏王，收殷地，平韩国。等到项羽觉得不对劲，留下部分将领继续征战齐地，而自己率精兵三万急转掉头，准备迎击刘邦时，刘邦的大军已经毫发无损地取下了项羽的大本营彭城。

刘邦兴奋极了，他从偏远的汉中出发，几乎横跨中原，一路都没有遇到匹敌的对手。他又顺利地回到了熟悉的东方，占领了霸王的都城，一切正如计划，天下仿佛尽在掌握。他得意地在彭城里日日置酒高歌，忘记了大敌就在不远之处。

而项羽的暴怒是显而易见的。他没有停顿片刻，日夜兼行，领着那三万亲兵就往彭城赶。直到离城不远，汉军才发现气势汹汹的对手。双方迎面而战，从早晨战斗至中午。令人吃惊的是，以逸待劳的汉军竟然众不敌寡，被疾行的楚军杀得弃甲而走，十余万人尸横遍野。刘邦只能放弃彭城落荒而逃，没跑出多远就又被乘胜追击的楚军重重包围。

这是刘邦第一次和项羽的主力正面交锋。之前的一路东进，如履平地，可能也一定程度上麻痹了他的谨慎心，他可能忘记了项羽亲自率领的这支军队的战斗力有多可怕，也没想到自己的大军会如此脆弱、一败涂地。陷入包围的刘邦不知道有没有回忆起当初看着项羽第一次击败章邯意气风发的画面，也不知道在绝境里，他有没有后悔从汉中执意东出的计划。

刘邦当然没有死在此处，这要归功于战场上忽然刮起的一股西北风。那真是：风势猛烈，飞沙走石，折木毁屋，遮天蔽日，一时间天昏地暗，令人几乎无法睁眼辨视。刘邦赶紧趁此机会，硬着头皮和数十骑突围而去。

战争有时候并非简单的强弱计算，预料之外的因素往往反而成了胜负或者救命的关键手。

刘邦带着残兵沿路逃亡。因为离故乡不远，便想就近回沛县接上一家老小。当初起兵事急，行军也不方便带上家人。此时他已经和妻子吕雉分别了两年多。但项羽也料到他有此打算，派人一路赶往沛县，去抄掠刘邦家小。

刘邦一路边躲边走，总算是在途中撞到了逃亡的儿子和女儿。但父亲刘太公和妻子吕雉就没那么好运了，他们被楚军抓到，押回项羽军中作了人质。同时被押回楚军营中的还有一名叫审食其的男人，他是当初刘邦安排留在故乡服侍家人的。而他也一直做得不错，在长达六年的时间里独自一人尽心照料太公和吕雉。吕雉两千多个日夜见不到丈夫，都是和审食其朝夕相处，难免产生依赖和信任的情感，这也是审食其后来会成为吕后执政时最特殊的人物的重要原因。

刘邦接到儿女的同时，也不小心撞到了追击的楚军，这可把他吓坏了，连忙催驾车的夏侯婴拼命加速。

这里就要稍微说一下兵车的问题了。刘邦和项羽不是一个兵种。按照《史记》的记载，项羽显然是一名骑马的将领，而刘邦是坐在靠马拉的兵车上的。这种兵车在春秋战国时的北方就普遍存在，上面有负责御马驾车的人，也有负责作战的人员。而能为君王驾车的，一般都是极其亲近的人，因为君王相当于把安危都交由这个人了，所以必须十分信任。当然，也有看走眼的时候，比如之前我们说到过，陈胜就死在了自己的驾车人手里。

而夏侯婴则是十分忠诚的，他在沛县官府任职的时候就掌管驾车，和刘邦私交很好。而自从起兵反秦以来，大小战斗，他也驾着刘邦出生入死，既冲锋陷阵，又保刘邦安全，技术堪称一流。这时他自然毫不犹豫，快马加鞭，驾车狂奔。尽管车速已经开到极致，但生死关头，刘邦仍然嫌慢，总担心随时会被追兵发现和赶上，于是好几次他都忍不住把儿子和女儿一脚踢下车去，以免他们哭哭啼啼暴露行踪。每当此时，夏侯婴总是要停下车，赶紧把一对小孩重新捡上来，哪怕刘邦气得直跺脚，拔剑恨不得要杀他而后快。

这件事对于刘邦的意义倒没有特别大，毕竟他只要逃出生天，将来也会有别的子嗣。但对于夏侯婴本人来说可就意义非凡了，他舍命相救的孩子后来成为了惠帝，而惠帝的母亲又是后来的吕后，这件事让夏侯婴在刘邦死后自始至终都得到了惠帝和吕后的感激和尊宠。

刘邦一路逃至麾下将领控制的区域，才松了一口气，但之前征服的大部分对手，包括魏王魏豹、塞王司马欣、翟王董翳等，全部又如墙头草一般倒向项羽。当然项羽也因为把重心转移到对付汉军，丢失了对齐地的掌控，一分为三的齐地被田横统一。这个田横之后还会提到，暂且不表。

还是说回到刘邦。遭到项羽迎头痛击之后，他方才意识到敌我的差距实在悬殊，仅靠自己的军队，难以和楚军匹敌。他必须变换战略，必要时不得不作出牺牲。

于是他和群臣有了一番痛定思痛的谈话。

刘邦道：我打算不要函谷关以东的地了。

什么？众将领面面相觑。

难道大王准备回关中老老实实当他的关中王了吗？

其他人还没明白，张良却一听就心领神会了。他知道刘邦的意思不是说不打了，不争天下了，而是想把函谷关以东的中原之地作为封赏的诱饵，来吸引诸侯成为自己的援军，共同对抗项羽。一旦成功，可以暂时和他们共有天下，其他的事情则以后从长计议。

果然刘邦马上就问：谁可以和我共同建立这份功业呢？

众将仍是无言以对。

只有张良上前答道：有三个人可以。

刘邦喜上眉梢问道：哪三个？

张良不紧不慢地道：南有九江王英布，此人骁勇无比，虽然是项羽旧部下，但两人互相不满，策反他就能为项羽在南方树敌。中有彭越，虽然没获得封王，但独自拥有武装，实力不可小觑，又和齐国田氏亲近，接近楚军腹地，使他不时骚扰，可消耗项羽精力。北方赵、魏、燕之地，地域辽阔，可为支援，必须有独当一面之人去统一，而能担任统一北方重任的只有一人，此人就在汉王您的帐下。

刘邦忍不住问：是谁？

是韩信。张良道。

第十六章　背水一战

按照刘邦"捐地求援"的战略，韩信开始谋取北方。

为了巩固信心，再次树立他在军中的威信，刘邦任命韩信为左丞相——汉朝以右为尊，这是仅次于萧何右丞相的官职了，同时任命作战最拼命最勇敢的两员大将灌婴和曹参作为韩信的助手。曹参是沛县集团的元老，灌婴也是随刘邦反秦时的亲信。以此二人辅助韩信，除了行军打仗，想必还有监视韩信，以防他拥兵怀有异心的作用。

汉高帝二年九月，韩信故布疑阵，然后奇袭魏国安邑，擒获了曾经投降又反悔的魏王豹。然后马不停蹄，和张耳以数万人东进攻打赵国。

赵王和麾下成安君陈余闻听，亲自在井陉口布下二十万大军严阵以待。

如果你对张耳、陈余这对名字还有印象的话，可能会觉得奇怪，咦，这对好朋友怎么到了对立的两军中？如果你已经忘了这两个人，那也没关系，我们可以简单地再回顾一下他们反目成仇的经过。

张耳和陈余都是魏国人，关系亲密，相知相敬多年。如果没有后来的那些事，说不定两人的交情会成为伯牙子期、管仲鲍叔牙那样的佳话。始皇灭魏后，他们就一起隐姓埋名避难在陈县，直到陈胜在那里建立反秦的根据地。

两人都有趁乱成事的大志，于是在为陈胜北上徇地时，共同拥立他人建立了赵国。当王离的长城军将赵王和张耳围困在巨鹿城中时，陈余率救兵在城外迟迟不敢行动，张耳认为他无心救援迁怒于他，两人因此失和。

之后项羽破釜沉舟，解巨鹿之围，统领诸侯军西进，张耳也就跟随一起入关。项羽封赏功臣时，把原先的赵国封给了张耳作为常山王，而把赵王歇迁徙到代地作为代王。陈余则更失落，一向自认为和张耳不相上下的他只被封侯，从此愤愤不平，对项羽和张耳恨之入骨。很快陈余联合齐国攻打张耳，终于将张耳赶走，让他投奔了刘邦的怀抱，陈余则统一了原先的赵国地盘，重新迎回赵王歇来辅佐。

多少故交好友都是这样，可以一起共患难，但在生死关头和利欲面前，稍有些不平，反而容易心理失衡，撕破脸皮。

刘邦之前东出的时候，曾邀请赵国一起攻打楚军，陈余答道：张耳不是逃亡在你那里吗，你把他人头送来，我就助你一臂之力。

两人的仇隙如此之深，也是令人唏嘘。

当然，刘邦是老狐狸了，他找来个像张耳的尸体砍了头就送过去，反正人死后总归面容有些变化，成功骗到了赵国的援军。但事后陈余听说张耳未死知道自己被骗，气得立即和汉军绝交。

而现在，他听说韩信和张耳要来攻打赵国，仇人相见，自然眼红。朋友变成的仇人，想必更甚。

陈余和赵王把二十万精兵屯在井陉口，只等一举击溃远来的汉军，而被仇恨包裹的陈余更想抓住那个相交多年的故人，亲手把他撕碎。

当他看着远方，咬牙切齿的时候，手下有一名广武君李左车前来献破敌妙计。

李左车对陈余道：韩信和张耳刚刚击败魏国，乘胜进击，千里犯险。兵法说过，"千里溃粮，士有饥色"。而井陉这条通道，狭窄异常，车骑无法并列行进，汉军阵型必然被拉长，军粮拖在后方。如能给臣三万人，从小道抄掠其辎重，而您深沟高垒，闭门不战，韩信张耳前不得斗，后不得退，又无补给，不出十日，军中一定内乱，届时必有人斩此二人头颅，送到您麾下。

陈余听完笑笑说：韩信兵又少，千里行军又疲乏，此时不迎头痛击，赵王和诸侯还不得笑我怯懦胆小？

他嘴里说的是赵王和诸侯，但心里想的，估计是张耳也会耻笑我吧。仇恨让他恨不得此时此刻就立刻交战擒获张耳，哪里还有耐心等李左车去施奇计。

陈余这样笑着的时候，汉军已经只离井陉口三十里。汉军停下了脚步。半夜，韩信暗令两千人骑马到山上匿藏，告诫他们：明日交战，假如赵军见我军撤退，必空营追赶，届时尔等快马驰入赵军营中，换上汉军旗帜。

骑兵领命去了。

趁天未亮，韩信又在军中下令：暂时先不用餐，等天亮击破赵军再一起大快朵颐。众将士虽然称"诺"，其实都没啥底气。毕竟好不容易赶到这里，哪有一仗就击破严阵以待的二十万守军这么容易的事。

韩信再遣一万人，当着远处赵军的面，到河边背对着河水煞有介事地列阵。这个安排显然是违背常识的，因为一旦战事不利，背后就是大河，无处逃生，因此韩信这一举动引得观望的赵军一阵哄笑，连汉军自己都摸不着头脑，不知韩信葫芦里卖的什么药。

等到天亮，韩信与张耳率领余下的将士大张旗鼓，走出井陉口，作出进攻赵军的样子。陈余怒火攻心，下令迎敌。两军鏖战许久，汉军渐渐不支，偃旗息鼓，丢盔弃甲，往之前列阵在河边的部队方向逃去。赵军见状，全军轰然出营，都想要追斩逃兵立功。

谁知汉军逃兵和河边的一万人一合兵，回头奋勇厮杀，赵军一时之间竟然无法取胜。正相持着，猛听后方有人高喊，回首却只见后面尽是汉军旗帜，韩信的两千骑兵已然快马加鞭，疾驰到赵军营壁截断归路。赵军顿时军心大乱，四处奔走，大败收场。

汉军斩陈余、擒赵王歇于乱军之中。

诸将纷纷来请功时，无不对韩信的安排啧啧称奇，忍不住问道：兵法说，列阵要背山面水，将军反其道而行之，却大胜而归，这究竟是何道理？

韩信大笑道：兵法里不也说吗，"陷之死地而后生，置之亡地而后存"？我军士兵是沿路补充的，并非训练有素，而且兵少，人心未齐。若是放在易于逃生的地方，必然不战而散。只有让他们背对大河，才能激发意志，以死相拼。

之前给陈余献计的李左车被绑至韩信帐下，韩信亲自为其解开，请他上坐，行之以师礼。

李左车大惑不解，忙请罪道：败亡俘虏，将军何以行此大礼？

韩信正色道：当年百里奚在虞国，虞国灭亡；到秦国，秦国却称霸，这并非是百里奚的智谋有变化，而是君主知不知用人的缘故。听说您献计陈余，倘若他肯用您的计策，韩信早已束手就擒。如今我已攻灭赵、魏，故虚心向您求教伐燕、齐之计。

李左车也诚恳地道：将军俘虏魏王，一天之内又破赵军二十万，必然名震天下，众心归附，但以疲敝之兵继续长途跋涉攻打燕齐，万一相持不下，兵粮短缺，将自陷危亡之境。

韩信道：足下所言极是。

李左车继续道：为将军计，不如就此经营赵地，安抚百姓，以为将军的根本。再派遣使者挟百战百胜之威名，屈服燕齐，燕齐焉敢不从？如此则不需兵戎相见而天下可图。

这个李左车在和韩信见完这一面之后，就从史书上消失了。前后都没有任何记载，只留下两条堪称精妙的计策。一条没有被陈余采纳，否则历史可能会被改写。而另一条被韩信采纳了且行之有效，韩信因此巩固了在北方的势力，经常发兵援助在中路和项羽相持的刘邦，成为刘邦最重要的支柱和隐患。

而神秘的李左车，好事的老百姓不甘心他既无来历，又不知所踪，便请当年的赵国名将李牧作了他的先祖，后来又将他升级为民间的雹神。在史书里消失的他，转头永远活在了神话里。

第十七章　运筹帷幄

韩信在北方大获全胜的同时，刘邦派去南方的使者也成功策反了九江王英布。

英布早年也因犯法，当了去骊山服役的刑徒，但他心有不甘，领了一群人逃亡在长江一带为盗贼。陈胜起事，英布便率军投靠项梁。自此之后，他常为楚军先锋，英勇剽悍，果敢狠毒。巨鹿之战中，是他首先渡河攻打秦军；坑杀二十万降卒也有他的份；刘邦派人把守函谷关，一马当先攻下关卡的又是他；除此之外，英布还暗杀了被虚尊为义帝的楚怀王。

因为劳苦功高，英布被封为九江王，看上去似乎他是项羽最得力的助手之一。

英布的野心和私心令他和项羽之间无法不生嫌隙。项羽在平定齐国新田氏动乱时，曾希望英布派兵援助，英布犹豫了。他并不想趟这趟浑水来损耗自己的实力，于是他推说自己生病了没法亲自去，随便支了几千人应付一下。这就算了，项羽在攻打齐国时，刘邦趁机把他的大本营彭城攻下，英布也没有任何动作。这下可把项羽激怒了，你作为我的老部下和盟友，就如此坐山观虎斗？

英布这种狡猾的态度同时让刘邦和张良肯定了一件事：这个人是可以争取的，这才把他和韩信、彭越作为捐地收买的三个重要目标。

刘邦的使者向英布讲了三件事。第一，九江王您现在算是上了项王的黑名单了，在他危难的时候您按兵不动，您就不怕他秋后算账吗？

英布心中咯噔一下。

第二，您别看项王刚刚在彭城击败了汉王，但汉军实力雄厚，如今正蓄势待发，而项王则四面树敌，人人忌恨，只不过逞一时之勇，早晚必败。

第三，您若是愿意助汉王一臂之力，汉王必割地封赏，您看您是选择汉王这里必有的封赏呢，还是选择项王那里的不测之祸呢？

这一番话很难不让英布心动，虽然他知道汉军的实力未必有使者所夸耀的那么强大，但割地封赏和秋后算账这两笔，他还是懂得计算的。更何况英布自恃骁勇，或许心里存着这样的侥幸：只要我以兵助汉，汉军或许真能战胜项羽也未必。

英布遂暗暗调兵遣将，突然对楚军发起袭击。

英布还是高估了自己。项羽派遣项声和龙且两员大将，几个月的时间就击败了九江军。不仅如此，英布还丢失了自己的领地，只好仓皇逃至刘邦处。

看上去刘邦南方的攻略似乎一败涂地，并没有达到韩信在北方战场的效果，但实际情形并非如此。英布的反叛，给中路新败的刘邦主力军赢得了宝贵的喘息时间，令他可以从容地从汉中和周边补充兵员和粮草。另一方面，英布不甘丢失故土，自然将更卖力地对楚军发起复仇。一场失败，得到了一个更为坚决的盟友，不失为另一种收获。

第三位盟友彭越按照刘邦的计划，也开始了对项羽的骚扰。韩信、彭越、英布这上中下三路，令项羽头疼不已，更何况后方还有一个趁他无法兼顾时统一的齐国，他始终无法全力在中原腹地和刘邦进行一次决定性的大决战。

但项羽毕竟是项羽，尽管腹背受敌令他不得不东奔西走，南征北战，但凡是他亲征的地方，战无不胜。

所以刘邦在中路的主力军喘息过后，短时间里日子并没有好过到哪里去。他甚至在想，是不是我的盟友还不够多，不足以消耗项羽的实力？

于是谋士郦食其向他提了个建议：不如我们再找出六国的后人，立他们为王，使六国遗民百姓对汉王您感恩戴德，自然愿意为您效命。如此项羽必更无暇自顾。

刘邦想都没想，一拍大腿就说：好，这就为你刻六国使者的印章，重任就交给你了。

熟悉先秦历史的人可能会想起一个类似的人：张仪。当年他也是这样为秦国游说各国，令他们以秦国为马首是瞻，威风八面。

与张仪不同的是：郦食其的计划还未开始就宣告破灭。

阻止刘邦的人是张良。

张良从外面回来拜见，刘邦正在进食，见到他就喜滋滋地边吃边说：子房，你来得正好，有人给我献了一条妙计。

张良听完脸色一沉，问道：这是谁出的主意，果真如此，陛下大事去矣！

刘邦大吃一惊，忙问为何。

张良道：割地分赏韩信、彭越、英布三人就已足够。若再立六国之后，天下游士将纷纷各归旧主，还有谁愿意帮陛下谋天下？况且如今楚强我弱，一旦六国复立，迫于项羽淫威反面助楚军击汉，届时又该如何自救？

几个问题问得刘邦哑口无言，愣了一会儿气得把嘴里的肉都吐了出来，跳脚骂道：差点被那该死的迂腐儒生坏我大事！

这是个很有意思，也很值得探讨的策略。

如果你还有印象，当初陈胜起事后，陈余和张耳曾劝他立六国之后，甚至张良也劝项梁立六国之后。到了此时，张良又极力阻止刘邦这样做。究竟其中有什么区别呢？

陈胜和项梁起兵时，天下仍是秦的天下，而人人欲灭秦。陈胜和项梁立六国之后，相当于拿着秦的地盘进行封赏，自己不损失分毫却赢得实实在在的恩情。而刘邦却不一样，函谷关往东的地，已经许诺给了韩信、彭越和英布，再立六国之后，只能割让自己已有的土地，且天下形势未定，不少人仍处于观望之态，未必一心希望汉胜楚败。这是拿实实在在的土地去换不可测的恩义。形势不同，所以前后张良的计策也不同。

这正是张良作为战略家胜出他人之处。

有张良在，这也是刘邦始终能于逆境中扭转乾坤，最终成事的原因。

当然，救刘邦于水火的，除了张良，还有陈平。

刘邦和项羽在中路相持，实力悬殊，屡战屡败，一度被围困在荥阳一个月。陈平令二千多女子穿军装夜出东城门，引楚军追击，又以将军纪信扮成刘邦的模样出城投降，成功吸引了项羽的注意力，刘邦才从西门悄悄遁逃而去。

在这一个月里，陈平还成功地离间了项羽和范增的关系，范增忿恨不平，告老还乡，死于道中。

不过这件事是值得怀疑的。《史记》记载，陈平离间计是这样进行的。先拿出好东西来招待项羽使者，继而又换成次等的规格，并扔下一句：我还以为是亚父的使者呢，原来是项王派来的。项羽因此就怀疑亚父和刘邦暗中有通。

这种伎俩，读来就觉得儿戏了，如同小说家之言。为什么我说值得怀疑，是因为范增前后一直是最主张严惩刘邦的，鸿门宴时坚持要杀，包括这次实施所谓的离间计时他也是力劝项羽全力攻打荥阳的。而项羽之所以不用范增，并非因为陈平，而是一贯如此。自从发生楚怀王夺权兵变事件后，项羽就一直不太信任其他人，"项王不能信人，其所任爱，非诸项即妻之

昆弟，虽有奇士不能用"，这句话正是陈平所说的。这解释了
鸿门宴上为何项羽和范增的态度截然相反，同时也在一定程度
上说明了为何范增作为知名谋士，却几乎没有什么计策流传下
来。项羽历来就不信任范增，根本不需要陈平再费手脚去离间。

　　刚愎自用，疑人不信，很难说这样的性格不是决定胜负的
潜在因素。

第十八章　楚汉对峙

　　尽管在战略上更胜一筹，韩信、英布、彭越也在四周逐渐打开局面，但刘邦还是得面对一个巨大的难题，那就是他始终无法战胜项羽亲率的主力军。这支军队难以想象地强大，项羽自身的霸气仿佛是一种光环，令麾下士卒无不忘死拼杀，所到之处，攻无不克。

　　刘邦在又一次惨败落荒而逃之后，只能冒充使者，快马加鞭跑到赵地，抢走了张耳和韩信的兵符。如前所述，韩信此时正按照李左车的教导，做好长期经营赵国的部署，却忽然被刘邦的不请自来、反客为主打乱了原计划。

　　韩信一肚子苦水说不出，他之前也常常发一些赵兵支援刘邦，都算仁至义尽。你现在倒好，把我派去的援兵玩完了，还过来抢我家里的。

　　不仅如此，刘邦一不做二不休，说韩信你也别在赵地待着了，之前你不是要顺势攻打齐国吗，我给你留点兵力，你现在可以去了。

韩信只好硬着头皮领兵往东而行。而赵地由张耳继续打理，张耳和刘邦是什么关系我们后面再说。刘邦通过这一招，成功地收缴了韩信夺得的根据地，可见刘邦虽然重用他，但其实一直都无时不刻不在防范他。

而刘邦也总算暂时解决了新败无兵的危机，重新有实力和项羽在正面战场对峙。

项羽也有危机，也有难题。的确，他屡战屡胜，但四处都是敌人的局面令他疲于奔命，他麾下虽然也有龙且、钟离眜这样的骁将，但都不足以长时间独挡一面。他在西面取胜，东面的将领却丢了城池；他跑到南面救援，则北面的将领战死。饶是项羽勇冠三军、天下无双，也陷入分身乏术的困境。

而多疑的性格，更让他身边缺少了关键时刻能破局献计的智囊。

和刘邦相持的时间越长，项羽越急。因为只要刘邦坚守避战，军粮源源不断地运来，而项羽自己的主力军被拖在战场上，又要四处周转，补给日见窘迫。

粮食是战争的决定性因素之一，勇将也难为无米之战。他需要立即结束这场旷日持久的战争。

最后，他终于想起手里还有一张王牌：刘邦的父亲和妻子吕雉还在自己的军中做人质呢。

容易激动的霸王马上令人传话给刘邦：赶快投降，否则把你老子煮了！

话传出去之后，说不定项羽心中都已经开始沾沾自喜，以为终于抓到了刘邦的软肋。

但使者的回话表明，他实在是太低估了这个自小在县里习惯了与各种人尔虞我诈的对手的厚黑。

刘邦回话道：我和项将军你当初一起受命于楚怀王，约为兄弟。那我的老子，自然也是你的老子了，你一定要煮你老子的话，记得到时也分我一杯羹。

项羽恼羞成怒，有人认为是刘邦的流氓嘴脸太出乎贵族出身的项羽的意料。其实在这件事情上，项羽何尝不是和流氓一样呢，只不过在流氓的才能上，刘邦比他技高一筹而已。项羽几乎愤怒得要当场杀死刘太公，硬是被项伯好说歹说才作罢。

项羽的人质计划未能奏效，令他更是急火攻心。他没有时间长期在前线耗下去，他太需要和刘邦痛痛快快来一场决战，一战定胜负了。于是只好又令人传话：天下纷纷扰扰，动荡不安，都是因为我俩争斗不休。希望能与汉王单挑，决一雌雄，也免得百姓父子继续流离受苦。

这番话听上去大义凛然，但刘邦要相信，除非他是傻子，更何况身边还有张良等人。

不过刘邦还是带着士兵出阵了，他当然不是要决一死战，而是心知项羽情急，他决定顺势而为，给项羽火上再浇一把油。

刘邦在双方士兵面前高声数落项羽的十宗罪。

哪十宗呢？

第一宗，负约没有封刘邦为关中王。

第二宗，巨鹿之战前杀死上司宋义。

第三宗，救完巨鹿没有返回报告，而是威逼诸侯军队一起进攻关中。

第四宗，烧毁秦宫，发掘始皇帝陵墓，收刮珠宝。

第五宗，杀死已降的秦王子婴。

第六宗，坑杀章邯降卒二十万。

第七宗，随意处置六国故地，胡乱分封。

第八宗，分封时自己择好地占领。

第九宗，使人暗杀义帝。

第十宗，施政不平，为人无信，大逆不道，世所不容。

尽管最后一条看上去像是硬凑的，但在阵前如数家珍一般滔滔不绝地说出十条罪状，显然是早就做了充分的准备和整理。所列举的罪状是否真实、有无夸大也并不重要了，刘邦要的一是影响双方士气，二是继续激怒项羽，令他在愤怒和着急的双重压力下，一步步丧失理智。

刘邦奏效了，但也失策了。

奏效是因为项羽果然气急败坏，而失策是他没想到暴怒之下的项羽竟然令埋伏的弓弩手射击，一支箭不偏不倚，正中刘邦胸口。

刘邦在慌乱间做出了自己能做的最急智的反应，他俯下身子摸着脚喊道：算我不小心，竟被你射中脚趾。然后从容地鸣金收兵。

但回到军中，箭伤就发作了，年过半百的刘邦哪里吃得消这种创伤，一下卧床不起。在张良的坚持下，他才硬撑着起来，若无其事地巡视和犒劳了一下军队，以安军心。否则军中的谣言随时会引发兵变，或者走漏风声，招来楚军的趁虚强攻。当然也只有张良，敢向病重的刘邦提出这种略为过分的要求。

在楚汉继续相持的时候，东方的齐国发生了巨变。

如前所述，韩信领兵受命，出征齐国，然而走到平原的时候，却听到了一个噩耗。

原来除他之外，另有一人也自告奋勇为刘邦出使齐国，想用三寸不烂之舌劝说齐王拱手向汉称臣。这个人就是之前劝刘邦多立六国之后却被张良阻止的郦食其。

刘邦派出郦食其是在派出韩信之后。对于刘邦来说，只不过多一种尝试而已，无论是郦食其的说辩，还是韩信的兵戎相见，只消有一个对齐国奏效就是好的。

而对于韩信来说，这却是一个糟糕透顶的任命。尤其糟糕的是，他在半路听到消息：郦食其已经单枪匹马，不费一兵一卒，说下了齐国！

无端端赵地被刘邦占据了，兵被刘邦收走了，自己被赶了出来，如今伐齐的功劳也被人捷足先登，在战场上用兵如神的韩信，一时间却内心如焚，纠结地不知何去何从。

第十九章　韩信定齐

韩信的进退两难被谋士蒯彻看在眼里，便找机会向他进言。

蒯彻问道：汉王令您攻打齐国，现在有新的诏命叫您按兵不动吗？

韩信摇摇头。

蒯彻又道：那您在顾虑什么呢？

韩信皱眉道：如今郦食其已经说服齐王，我岂可轻举妄动。

蒯彻道：将军之前以数万甲兵，一年多攻下赵国城池五十余座；而郦食其不过一儒生，凭三寸不烂之舌就取齐国七十余城。将军若不争功，在汉王面前将如何自处？

仿佛一桶冷水浇在韩信头上，既心生凉意，又忽然间洞彻透明。

是的，他韩信虽然攻下赵国，但自从按照刘邦的命令领兵东征后，赵国就和他已经没有任何关系了。他如今充其量只是

106

个没有根据地的散兵游勇，不打齐国，他又能去哪里呢？没有新的战功，在刘邦面前又哪里说得上话呢？

全军向齐国进发！韩信咬牙下令。

尽管郦食其已经说服齐王，但他仍然要假装不知，硬生生把齐国和这份功劳争夺过来。

在尔虞我诈的战争时代，有地盘，才有说话的底气。

在他加速进兵时，齐王正在和郦食其高歌宴会，进行谈判之后的联谊。本来在边关驻防汉军的精兵此时已经撤下。韩信趁此机会兵不血刃，长驱直入，齐国城池纷纷望风而降。

可想而知齐王有多么震惊和愤怒，在逃亡前，他报复性地烹杀了郦食其，认为这一切是郦食其和韩信两人串通好，以让齐国不设防的阴谋。

齐王一边逃命，一边向楚军求救，当初的对手，现在成了救命稻草。实力弱小往往就是如此，不依附于这个大国，就只能仰仗于那个大国。

项羽这时也不得不伸出援手，派出大将龙且救齐。齐国再让汉军拿下，北方就彻底归汉所有了。

但韩信不依不饶，在确定了战略之后，真正打起仗来他从来都不含糊。他利用水攻，大破齐楚联军，虏齐王、杀龙且，从进军到平定整个齐国，只用了一个月的时间。

拿下齐国，韩信终于又做回了那个志得意满的将军。你刘邦拿走赵国又怎样，我韩信战必胜、攻必取，何处不能建功立业？他立刻写了一封邀赏的信，派使者送给刘邦。

信中不无自矜地道：齐国之地，反复多变，又毗邻楚国，臣斗胆请封为假齐王，为汉王您镇守此地。

所谓"假"齐王，就是暂时代理的意思，韩信也明白自己终究是刘邦麾下之臣，所以尽管实有齐地，但名号上也不得不先委屈一点。

刘邦看到信，顿时气不打一处来。如前所述，他一直和项羽军苦苦相持，屡战屡败，胸口又中暗箭，此时箭伤才初愈，你韩信拿下齐国不赶紧派兵来援助，第一件事竟然是要地盘要名号，不是趁火打劫吗？

他刚想臭骂一顿，身旁的张良和陈平见状，赶紧偷偷踩一下他的脚。

刘邦抬头看看两人。张良附耳道：韩信占有齐国，若不请示便自立为王，汉王您难道能阻止得了吗？顺水人情，不如从他所愿。

刘邦恍然大悟，但余怒不好立刻便收，便顺势拍案向韩信的使者道：大丈夫建功立业，做什么假齐王，要做就做真的！

汉高祖四年二月，张良亲自持印前往齐国，封韩信为齐王。

至此，天下大势已经彻底扭转。从最开始的楚汉相争，诸侯观望，到这时已经变成了刘邦，和名义上臣属于汉军的韩信、彭越和英布的联盟对项羽形成的包围之势。刘邦正面战场的长期拉锯，彭越和英布的不断骚扰，令项羽疲于奔命，成就了韩信的奇兵迅速统一北方，变成一支可以左右战争走势的强大力量。

所以韩信的态度变得异常重要，虽然他一直以汉军的大将军、相国的身份出征，但自从封为齐王之后，却又不一样了。名义上他已经和刘邦、项羽平起平坐。这也意味着，哪怕他从此再也不以刘邦为马首是瞻，伦理上也是说得过去的事。

在战争进入关键阶段的时候，这个从淮阴走出来的穷小子，成为了影响全局的人物。

项羽也清楚地意识到了这点，龙且被杀，齐地被占，都让他不得不对韩信这个曾经属于自己麾下的执戟郎重新掂量。想必此时，这位英勇盖世的霸王也感觉到了一股从未有过的无力感，他被刘邦拖在中原腹地动弹不得，只能眼睁睁看着四处兵败却无能为力；而他自己，也将逐渐陷入粮草不足、孤立无援的局面。

年轻的霸王终于第一次放下脸面，派出使者，向韩信致意。

项羽的使者对韩信说了如下一番话：天下戮力灭秦，计功封地，本应休养士卒，而汉王却肆意东出，夺人之地，其为人不知足，可知矣。汉王屡败于楚军，项王三番两次饶他一命，不久又重来争斗，其为人不可信，亦可知矣。足下自以为与汉王深交，为其卖命，我看足下，却终将被汉王所擒。之所以如今还安好，只不过是因为项王仍在。项王今日亡，明日汉王必将图谋足下。足下与项王也算故交，何不以齐国和楚军联盟，三分天下，却反而非要和汉军一起灭楚呢？

这番话已经非常低声下气，不是迫不得已，想必心高气傲的项羽也不会轻易如此。但从内容和逻辑来说，倒也全部都是合情合理。

不过韩信没有任何思量便作了答复。

他道：臣当初侍奉项王，官不过郎中，位不过执戟，言不听，谋不用，这才投奔汉王。汉王授我上将军印，托付数万兵马，言听计从，韩信才有今日之功。汉王如此深信于我，焉能背叛？韩信誓死不渝此志，请为我谢过项王！

有时候拥有上帝视角来读取历史事件，反而更有悲怆之感。每每观至韩信此段话语，拿来和他的结局对照，很难不令人唏嘘。有时又不免设想，若韩信知道自己将背负的后果，又会不会重新审视自己的这番承诺和选择呢？

第二十章　霸王别姬

也许上天也有意多给韩信一些选择的机会，在送走项羽的说客后，蒯彻作为劝说伐齐的功臣，给韩信相了一面。

蒯彻道：看君上之面，命不过封侯；看君上之背，才真是贵不可言。

他用"面"和"背"的双关义暗示韩信：您的选择将决定您最终的命运。如果"面"向刘邦臣服，则无论汉能否胜楚，最多不过是封侯拜将；而一旦选择"背"弃和刘邦之间的恩义，才会更进一步，富贵险中求。

蒯彻所谓的"背"，并非是背汉向楚，而是劝韩信保持中立，三分天下，鼎足而居。这话丝毫不过分，这时的韩信无论是实际控有的疆域和兵力，完全有实力独当一面。用蒯彻的话来说：当今项刘二主的命，全在韩信的一念之间。

韩信思忖了一会儿，仍然下不定决心，道：汉王对我知遇之恩甚厚，岂可贪利而背义？

蒯彻反问道：君不见张耳、陈余？君不见勾践、文种？论友情，君上和汉王之交不如张耳陈余；论君臣，君上和汉王之信又不如文种勾践。陈余的结局如何？文种的下场又如何？如今君上威之大，足以震主；功之大，无以封赏。即便归项王，楚人必怀疑惧；一旦归汉王，则汉之君臣无不惴恐。君上将如何自处？三足鼎立，实在是君上您最好的归宿。

正如之前为要不要攻齐犹豫不决一样，一碰到人际关系的难题，韩信就缺乏果断的决心。

先生且慢，容我再想想。

韩信如此打发了蒯彻，也如此轻易地打发走了一条可能对自己最有利的命途。

蒯彻无奈地摇摇头，找个机会离开了军营。

韩信的态度，对僵持在前线的项羽如同雪上加霜。其时，他已经孤立无援，缺兵少粮。他非常需要往东方撤退，那里是他的大本营，虽然地方已经不多，但起码可以恢复元气。但两虎相踞之时，谁先泄气，谁可能先落入下风。

在数百年后的官渡，曹操和袁绍也这样相持着，荀彧就以项羽的事例劝曹操不要因为敌众我寡、粮草不足而先输了气势。

曹操顶住了压力，而项羽没有。恰好刘邦派遣使者，请求放回太公、吕后等家属，项羽顺势主动言和，条件是以鸿沟为东西之界，两分天下。

刘邦显然看出项羽了的孤立和楚军的归心似箭。他不会错过大好形势，在迎回亲人之后，立刻对撤退的楚军紧追不舍。穷寇莫追，这向来不是刘邦的人生哲学。

在追击过程中，汉军曾因为韩信、彭越的援兵未及时赶来被项羽回头痛打了一次。即便是无计而退，项羽的战斗力仍非刘邦能敌。在张良的建议下，刘邦再次以楚地、梁地为赏，果然韩、彭二人如期而至。而这时，仿佛真的气数已尽一般，英布也收回了故土，四路大军从东西南北各个方向对为数不多的楚军潮水般涌来。

高祖五年的十二月，这一年最寒冷的时刻到了。

项羽如一只愤怒而无助的困兽，且斗且退，被包围在垓下，周围是十面埋伏。史书记载了如天气一般寒冷的四个字：兵少、食尽。

接下来这段也是《史记》当中最悲情、最精彩的篇章，我将尽量多用原文的叙述方式去展现。

项羽夜里辗转难眠，忽然听得远近、高低、四面都传来楚国歌谣。和北方持重、庄严的歌诗相比，楚调更长于咏叹，更加宛转凄绝，在萧然的夜里绵延而来，传到项羽和伤亡惨重、离乡多年的士卒耳里——啊，这是家乡的声音，这是父老、情人曾经的吟唱啊！怎能不令人肠断！

"汉王已尽得楚地了吗，为何汉军中楚人如此之多？"无家可归，这是更令楚军对战争绝望的一种念头。

即便英勇如项羽，也烦懑不堪，只能借酒消愁于帐中。几杯下肚，忍不住慷慨和美人相和悲歌：

力拔山兮气盖世，

时不利兮骓不逝。

骓不逝兮可奈何，

虞兮虞兮奈若何！

英雄末路的悲情，令左右将士无不闻歌泣下，莫能仰视。

夜半，项羽骑骓马率八百余人从南突围而出，汉军以灌婴领五千骑追之不舍。因迷失方向，又遇追兵，到得东城外的山坡上时，项羽身边只剩二十八骑。

项羽忽然勒马而止。二十八骑一齐停住望向霸王。

征战多年，这样的境遇是生平首遇，他也十分清楚自己难逃此劫，但胸中的胆气仍令他不愿就此认输。

三十一岁的西楚霸王——审视麾下骑将坚定的脸，豪情道：我起兵至今，八年有余，大小七十余战，未尝败北，遂霸有天下。今困于此处，是天要亡我，非战之罪！今日愿以必死之心，为诸君快意一战。诸君且看我斩汉军大将、拔汉军旗帜！

说罢，将二十八骑分为四队，面朝不同方向。此时汉军已纷纷压上，将他们重重围住。

项羽指着远处山的东面道：汝等一起突围，到彼处相会。吾先为诸君斩一将！

话音未落，项羽已率先大呼着冲下坡去，所到之处，无不望风而靡，项羽手起刀落，斩杀一名汉将而去。汉军郎中骑杨喜欲行追击，项羽却于马上忽然回首怒目而视，杨喜一时骇得人马俱惊，避让数里，不敢再进。

汉军整合之后，二次进围，项羽再度冲入阵中，取汉将首级，杀数十人而回，壮声问麾下道：何如？

骑将一齐俯首，由衷赞道：诚如大王所言。

众人于是继续东行，至乌江，又为汉军追上。乌江亭长准备好船只，劝道：江东虽小，犹有数十万人，可待大王。请大王速速登船渡江。

项羽笑道：天要亡我，渡江何为？当初江东子弟八千人随我项籍一同西向灭秦，如今无一人生还，纵江东父兄可怜项籍，我独愧于心，又有何面目相见！

我每想象八千子弟当年的少年慷慨，和项羽此时的孤身落寞，便对战争的残酷唏嘘不止。

项羽以座下骓马托付亭长，然后令麾下全部下马，持短兵冲入汉军阵中厮杀。骑兵下马肉搏，大家都知道这已是自杀之举，但都二话不说，跟着大王冲入包围圈。

项羽亲自格杀多人，自己也身受十多处伤，忽然见汉军中有一人颇为面熟，便叫道：汝不是我故人吕马童么？

吕马童不敢直视霸王。

项羽笑道：听闻汉军以千两金、万户侯悬赏我首级，我便成全你吧。

说罢，一代霸王在汉军众人注视下，从容地自刎而死。

乌江水冷，英雄长逝。

汉军在反应过来之后，对项羽的尸首进行了疯狂的抢夺，最终杨喜、吕马童等五人各抢得一段，五人全部以此大功封为列侯。

　　需要特别说明一下的，是这个被项羽吓得人马俱惊，又抢得尸体的杨喜，从此家世富贵。他的曾孙娶了太史公司马迁的女儿。追击项羽的这段经历，想必一直在家族里口耳相传。甚至对杨喜略有些胆怯的细节都没有回避，一是因为确实是值得大书特书的功劳一件；二是足见项羽在当时人眼里，的确是骁勇无比。

　　很多人在看《史记》这一段时，不免诟病司马迁写得过于详细，似乎夸大。这种观点其实是对《史记》的成书情况不太了解。考虑到这段史料的来源，即便有所夸大，也是因为杨家人、或者其他的当事人事后渲染，司马迁应该仍是秉笔直书的。他笔下的项羽，就是汉初君臣将相眼里的霸王项羽。

第二十一章　平民皇帝

项羽跟随叔父起兵那一年，只不过二十四岁。三年内挟诸侯灭亡暴秦，霸有天下，但很快又在五年内输掉了一切。正如他所说，这八年里，亲自征战七十多场战斗，未尝败北。如此战绩，怎么自矜都不算过分了。但可能也正是这份骄傲，让他不太能接受形势的急转直下。他相信，赢，是因为自己骁勇；而输，则是天的意志。既然天要亡他，又何必执着于东山再起呢。

于是唯一的一场败仗让项羽自刎了。

自刎也符合他的性格，没有人可以在战场上杀死他，除了天。而代替天行使这一意志的人，也只能是他项羽自己。

项羽一死，楚地的军心也就瞬间崩溃，各处相继举城投降。只有项氏一族的封地鲁，一直坚持到亲眼看见项羽的头颅才缴械。刘邦也大发慈悲，没有对项氏赶尽杀绝，反而对四名项氏宗亲封为列侯，赐姓刘氏。其中包括项伯。

这里就不得不说到项伯这个人了。至少有两件事他做得非常可疑，令人怀疑他在关中就已经和刘邦集团达成了卧底的协议。

第一，是在九江王英布刚决定投诚刘邦时，项羽派项伯领兵攻打九江兵。胜利之后，项伯直接屠杀了英布的妻子儿女。这显然更加深了英布和项羽之间的仇隙，彻底归顺于汉。

第二，是在项羽欲对刘太公下手烹杀时，又是项伯出言劝阻。

史书对于项伯的事情涉及很少，但提到的几处都明显偏向刘邦。身为项氏宗亲，他如此做的动机已经无法考察，我们也只能做一些推测。项伯是项羽最小的亲叔叔，岁数应该不会相差太多，也正是年富力强的时候。在亲哥哥项梁死后，身为楚国左尹的他按理说应该也有出头领军，独当一面的机会，但这一机会被侄子项羽夺走了。项羽虽然很信任这位叔叔，鸿门宴时甚至派他为使者，但显然事后也并没有对他进行合适的封赏。或许刘邦和张良正是利用项伯内心的不平，进行了策反。

还是回头来看刘邦吧。项羽死后的两个月，这个从沛县丰邑走出来的平民，在文武百官的拥戴下接受了皇帝的尊号，是为汉高祖。时年他已经五十五岁。这令人不得不感到惊奇，是怎样奇特的一个人，才能在这风云际会、英雄辈出的时代脱颖而出，成就如此的大业呢。

和大多数古代的开国皇帝和英雄一样，刘邦的出生是带着异样的征兆的。

《史记》说：他的父亲刘太公有一天去野外找他母亲刘媪。所谓刘媪，就是刘大妈，当然不是正式的名字。太公发现刘媪躺在水边睡着了，有一条蛟龙正伏在她身上。之后刘媪便有了身孕，生下了刘邦。

我们用现代的眼光看，当然知道这是无稽之谈；但是神话传说和史实当中，其实是有迹可循的。

想要说明一个人出生不凡，可以有几种夸张的方式：一是出生的时候有异象，比如岳飞，出生时有大鹏鸟翱翔在屋上；二是出生或怀孕时做梦有异象，比如朱元璋的母亲怀孕时，梦见神人喂她药丸；第三种就比较特别了，是因为干了什么事突然怀孕。比如商周两朝的祖先，有踏巨人足迹而怀孕的，有吞鸟蛋而怀孕的；又比如这里的刘媪，是因为和神龙交配而导致有了身孕。

为什么说第三种特别呢，因为第三种的特征是，怀孕都和父亲没什么关系。

但商周两朝的祖先和父亲没关系，是因为可能尚在母系氏族社会，的确不知道生父究竟是谁。但刘邦就不一样了，这个出生的传说是司马迁从他故乡沛县采风得来的。但凡亲生父亲真是刘太公，对刘邦的美化和神化，完全可以用出生时的异象来表达。而之所以会流传怀孕前的异象，大概是因为其实都知道刘邦是刘媪野合的私生子，又不得不为尊者讳的结果。

刘太公农民出身，刘媪一共生了三个儿子，刘伯、刘仲、刘季，刘季就是刘邦。从这三个用排行来作为名字的方法，也可以看出这是个普通百姓家庭，没什么文化。刘伯和刘仲继承了太公勤力耕种的好习惯，是非常朴实的农民，大概在他们手上，刘家已经成为了拥有不少田地的富农，家境已经殷实起来。

刘邦出生这一天，还是战国时代，后来的秦始皇这时才四岁，而丰邑依然是楚国的领土。同一天，这个地方还诞生了另一个男婴卢绾。两家人本来关系就不错，同时弄璋之喜，自然交情益深。楚国本来就较为重视文化，加上家庭又富足了，大约也并不指望刘邦继续耕种，于是便送他和卢绾两人一起读书，卢绾则从此成为了一生为他鞍前马后侍奉的跟班。

刘邦十岁那一年，中原腹地发生了一件非常了不得的事情，秦国派蒙家将的蒙骜领兵攻打魏国，而魏国信陵君则作为统帅，率五国联军挫败了不可一世的秦军，一时威名远播。信陵君门客众多，有侠义之风，这样的人物在年少的刘邦眼里，简直就是栩栩如生的英雄。要知道，刘邦出生前不久，信陵君还窃符救赵败秦军，解过邯郸之围。在那个故事里，信陵君更具传奇色彩，偷盗魏王兵符、千里奔赴赵国、一椎击杀主将，从而夺取兵权挫秦。

你能想象一个少年，听着这些故事，眼里闪烁的光芒吗？

也不知道是信陵君侠义精神的召引，还是刘邦不知名的亲生父亲的性格影响，他放弃了读书，但也没有跟哥哥刘伯、刘仲一样务农，而是开始向往游侠的生活。他开始四处游荡、结交朋友、乐善好施，但这一切被乡里人视为是游手好闲的行为。

　　刘邦也丝毫不在乎别人的眼光。没关系，最后他们终会看到这一切的结果，冥冥之中，因果已经埋下。

　　在他游侠乡里的时候，西方的秦国也已进入大他三岁的秦王政的新时代。一个是天潢贵胄、一个是平民百姓，命运正在安排两条线慢慢交汇。

第二十二章　　泗水亭长

对刘邦突然弃学，向往游侠生活，刘太公自然看不下去。不事生产在当时被称之为"无赖"。这个儿子不仅对家庭没有任何贡献，不能让人依靠，反而还要到哥哥嫂嫂家里蹭吃蹭喝。有一天，刘邦招呼一群伙伴到大嫂家中吃饭，大嫂见状赶紧刷锅洗碗，表示已经吃完了。伙伴一哄而散，刘邦过去瞧瞧，发现锅里其实还有饭菜。这件事他一直耿耿于怀，到后来给大哥的儿子封侯时也不忘取名叫"羹颉侯"，意思是"还有饭菜就刷锅侯"。

太公曾委婉地向刘邦表示，既然不读书了，就应该像哥哥那样致力农耕。但估计也没有坚持。在刘媪死后，太公又娶了一任妻子，给刘邦生了一个叫刘交的弟弟。这个弟弟对读书倒是非常有兴趣，未来也对文化的传承也有相当的影响。

无论兄长还是弟弟，看上去都比刘邦要来得老实和优秀，这倒反而让刘邦少了养家糊口的压力，可以自由地去追逐理想。

游侠儿刘邦朝着信陵君的方向，离开了故乡丰邑，去往魏国。

他去的时候，信陵君已经去世了，刘邦没有见到心中的偶像。不过也算不虚此行，他结识了信陵君的门客：张耳。两人于此时结下了兄弟之情。张耳大概做梦也不会想到，此时这个衣着朴素的年轻人，将来会后来居上，成为自己投靠仰仗的一国之君。而这份情谊，也让将来刘邦在收拾异姓诸侯王时，对张耳的儿子格外开恩。

本来他们可以继续这样的食客关系，直到终老。但好景不长，张耳和刘邦的游侠生活，因为一个人而同时结束了。

这个人便是秦王政。

其时秦国已经到了结束战国统一天下的冲刺期，魏国和楚国相继灭亡。在把秦国打造成帝国的法家理念里，游侠生活是被绝对禁止的，韩非子所谓"侠以武犯禁"是也。这里头，不仅仅"侠"不被提倡，连"游"也是不允许的。法家需要把人固定在户籍所在地，这样才方便统计、方便征税、方便各种徭役的人员调配。

张耳和另一位好朋友陈余，隐姓埋名避难到了陈县。而刘邦，也只好像个梦想破碎的中年人一样，在故乡沛县，开始谋求别的生路。

沛县是个县城，而刘邦的老家在县城里的丰邑，两者的关系大概就是现在的县级城市和下辖的乡镇一般。幸运的是，刘邦读过一阵子书，识得一些字，家中又有余钱，这是在秦国吏法下出任官吏的必要条件。刘邦的游侠生活大概也为他积攒了不少人脉关系。三十出头的刘邦，终于在县城里通过选拔，出任县城东面的泗水亭长。

亭，是秦汉时期一个集治安、邮政、交通、接待功能为一体的单位。所以刘邦相当于出任了沛县的交通站站长、邮局分局局长、招待所所长和城东派出所所长，虽然职务不高，但实权却不少。

对于刘邦来说，这段经历是他人生当中第一个巅峰。和在老家丰邑被人视为游手好闲的不良少年不同，在县城里他是个有头有脸的公职人员。所以刘邦终生都感谢沛县，对沛县的家乡父老深怀情义，而对丰邑却心存芥蒂。

在拥有天下后，刘邦还乡至沛，和父老欢聚饮酒，击筑高歌：大风起兮云飞扬，威加海内兮归故乡，安得猛士兮守四方！唱罢慷慨伤怀，泪流满面。想必此时，在沛县任职生活的回忆一幕幕地在冲击着他衰老的心。他情难自禁，当场免除了沛县所有乡亲的租赋，世世代代都不需上缴。

也正是游侠和任亭长这两段时期，他巩固了和故乡市井江湖人物以及县政府其他官吏的关系，这些人成为了他消灭暴秦、战胜项羽、夺取天下最重要的沛县功臣集团。这个集团也是未来搅动汉初政局的一股强大势力。

萧何，来自丰邑，萧姓大族，任沛县的主吏掾，是泗水亭长的分管领导，刘邦的直接上司。秦国每年都对郡县的官吏考核评定，萧何曾名列全郡第一，曾有机会被推荐至中央任职，但他放弃了。萧何在灭秦进入咸阳宫殿后，首先收藏文书、地图、典籍，是出于职业的敏感性，而任汉丞相之后政务打理得井井有条，也并不是上天忽然赐给他的能力。

曹参和夏侯婴也是官吏出身，和他们相比，卢绾、樊哙、周勃等人虽是江湖、市井人物，但也和刘邦在此时结下了深厚的交情。

尽管史书很少提及，但刘邦显然是有个人魅力和强大的交际能力的。在他的游侠生活里，他就能令周围人以他为马首是瞻；而在任公职期间，又能妥善地处理好和上司萧何和其他官吏如曹参等人的关系。

在沛县任亭长这段时期，他还完成了另外几件大事。

第一件是迎娶吕雉。尽管在这之前，他已经和人有了一名私生子，这也再次印证了当地民风的开放。吕雉的父亲是逃难到沛县的吕氏大族，但流落到此，把女儿嫁给一名亭长，也不算是特别跌份的事情。更何况后来的发展证明了，这大概是吕公做的最正确的一个选择。

第二件是到咸阳服役。在那里，两条本来相距甚远的人生轨迹有了唯一的一次重合，刘邦远远地观望到了秦始皇出巡的队伍，不禁感慨：大丈夫当如是！

时间假如在那一刻凝固，该是多么戏剧性的场面啊。两个时代的主人公，相隔着遥远的距离，一个坐在豪华高贵的车辇里，一个满眼欣羡，朴素得像个龙套。但用不了多久，这个朴素的平民，就要革掉此时那个高高在上者的王朝的命，坐到和他一样的位置上去，建立一个更为长久、更为精彩的时代。

两个相差仅三岁的人，将以帝国作为遗产完成命运的交接。

第二十三章　汉承秦制

让我们把眼光从硝烟刚刚散尽的楚汉战场暂时挪开。

时光往后推两千余年，二十世纪的八十年代初，专家从湖北江陵张家山汉墓里清理出了一千多枚汉朝的竹简，其中包括一部称之为《二年律令》的法律条文记录。里面记载的律令，颁布时间从汉高祖五年起，一直到吕后二年。而高祖五年，正是刘邦击败项羽、统一天下的那一年。

项羽死后的第二个月，在群臣和诸侯的拥戴下，刘邦即位为汉朝天子，把秦帝国的绝大部分疆域继承下来。

但作为千古一帝的始皇，留给刘邦的遗产并不仅仅只是土地。在如何治理这个庞大的国家的问题上，新手皇帝刘邦选择了大规模袭用秦朝既有的制度。

接下来的内容，平时只有历史专业的学生才会去研究，但对整体理解汉朝却非常有帮助，所以我会尽量用最简单最形象的方法，让你快速理解一些一般人不会掌握的专业知识。

汉朝沿袭自秦的第一项制度是法律制度，一般称之为"律"。但在六篇秦律的基础上，由萧何又加了三篇，合称《九章律》。众所周知，法家思想下的秦律已经非常严苛周密，但汉朝则有过之无不及。曾记否，当初刘邦在初入关中时，和关中百姓"约法三章"，以宽松的临时法律，赢得了人心。那是因为当时，关中究竟谁属，还未有定数。一旦真正拥有，则立刻换成严格的法律来治理。这正是政治家的手段。

第二项制度是二十级的爵位制。商鞅为了激励秦国百姓勇于参战作战，决定用军功来赐给他们爵位。假如你是一个二十三岁的秦国年轻人，第一次参加战斗，奋勇拼杀砍掉了一名楚国士兵的脑袋，你就可以提着这颗首级，回来换取一级的爵位。当然，爵位越高，换取的条件也就越难。

刘邦几乎照搬了这二十级的爵位，作为激励士兵和百姓之用。

不过统一之后的和平时期，和战国时代终究有些不一样，从军功获得赐爵的机会变少了，有其他途径可以获得爵位。比如每一任天子即位时，除了大赦天下，还会给所有百姓赐爵一级；立太子时，会给每户的继承人赐爵一级；国家但凡发生些重大的好事，也会有相应的赐爵。整个文景之治期间，累计赐爵十次，其中汉文帝两次，汉景帝高达八次。

也就是说，如果你是一位出生在文帝时期的最普通的老百姓，只要活得够长，哪怕没有任何功劳，你的爵位都会不断提高。

这在某种程度上是一项福利政策，因为在赐爵的同时，还要赐予受爵之人土地和屋宅，当然最低级的爵位和最高级的相比，得到的土地和屋宅面积是远远不能相比的。

不少人听到这里可能容易异想天开：假如我长命百岁，岂不是可以晋升到最高爵，荣华富贵在手了？

不会的。爵位制还有一项措施来防止这种现象。这项措施是：只有八个最低的爵位可以授予平民和俸禄在六百石以下的小吏，这八个爵位从低至高分别是：公士、上造、簪袅、不更、大夫、官大夫、公大夫、公乘。

一个出身平民的人，如果没有特殊的机会当上高级官吏，即便活得再长，充其量也只能拥有第八级公乘的爵位。

而俸禄在六百石以上的官吏，则可以一路畅通，从五大夫、左庶长……一直晋升到最后两级的关内侯、列侯。

拥有爵位自然是好事。除了能得到土地、屋宅等实物的赏赐，还能享受其他的政治待遇。

比如你不小心走路上与人产生纠纷斗殴了，官府一查，对手爵位比你低，不好意思，这人得罚金四两。而你之后又犯了其他罪行，则可以通过削除爵位来给自己减罪，甚至高级的爵位在同样被关押时可以不用带枷锁。除此以外。爵位还可以用来缩短服役的期限、提前享受政府发放的老年人福利，等等。

刘邦从秦帝国继承来的这套爵位制，是维持社会等级秩序的一种手段。但到后期，越发越多，就和货币一样不觉间就贬值了。比如汉宣帝在位期间,一共赐爵十三次,列西汉天子之最。而在国库空虚时,还允许公开买卖爵位,这是爵位制最后形同虚设的原因之一。

爵位和官位有一定的对应关系。而这套汉朝使用的"三公九卿"的官制,刘邦也是几乎原封不动地继承自秦帝国。

三公指丞相、太尉、御史大夫。

这三位列帝国政府所有官员之首,其中丞相辅佐天子处理国家大小政务,御史大夫负责监察百官。丞相居一人之下,万人之上,退休、撤职或去世后经常由原先的御史大夫升任顶上。太尉原则上掌军权,但和平时期经常取消这一职务,并不常设。

而九卿则是分管各事的机构负责人。

比如太仆,总管马政,在汉初常常亲自为天子驾车,所以是皇帝极信任亲近之人,往往也是晋升三公的首选。之前载着刘邦四处战斗和逃命的夏侯婴便是。少府,掌管国家山川地泽的赋税收入,因为这部分赋税并不发给官员,而是皇室的私人收入,所以少府实际上掌管着皇室的日常生活的打理,比如管御膳的太官、掌医药的太医、尚方等都是少府麾下的职员,之前为秦国续命的将军章邯便是少府。另外还有负责礼仪的奉常(太常)、负责宫廷文武事务的郎中令、负责禁宫安全的卫尉、负责外交和诸侯朝贡的典客(大鸿胪)、负责刑狱的廷尉(大理寺卿)、负责金融和农事的治粟内史(大司农),以及负责皇室亲属关系的宗正。

这一套"三公九卿"的班子,也就是帝国中央的权力机构。

这些人行使着自身的职责，像齿轮一样互相咬合、互相驱动。与此同时，爵位制和法律也鞭策着帝国里每一分子，哪怕是平头百姓，像个渺小的零件一样，参与到帝国的运作里来。这些或高贵或卑贱的生命，或清晰或模糊的脸孔，一起让汉朝这部巨大的机器开始滚滚向前，发出时代的轰鸣之声。

但在帝国前进的时候，足以令之崩溃的危险也时时潜伏，伺机而发。

第二十四章　北境之敌

今天的中国有九百六十多万平方公里的面积，而秦统一六国时，辖下的疆域只有现在的百分之四十，如果再往回推将近一千年，商周时所谓是中国腹地的区域更小得可怜，仅仅是黄河某一段的周边而已。但就是这么小的一段里，居住着当时东亚文化最发达的民族。无论是商朝、还是周朝的统治者，特别是周朝，都骄傲地认为自己是中原的主人，而将四周治外的其他民族视为落后的蛮夷。具体来说：居住在东边的民族称之为东夷、南方的称之为南蛮、西方的称之为西戎、北境的称之为北狄。

无论四方实际存在多少种不同的民族，蛮、夷、戎、狄四个字成为了中原对他们共同的蔑称。

尽管周朝的统治者自己也是西戎民族，但推翻商朝后，他们就摇身一变自认是中原之主，洗去了身上落后的印记，这是题外话。

从秦始皇统一六国，到秦末天下大乱，再到刘邦灭楚，不超过二十年的时间。在这短短的时期里，北境的匈奴民族内部正酝酿着一场巨变。

匈奴的大首领称之为单于，其夫人称之为阏氏读作胭脂。

当时的头曼单于本来生有一名太子叫冒顿（读作莫毒），但因为宠爱另一名阏氏和她所生的孩子，因此想废掉太子。

头曼便将冒顿作为人质送到西面的大月氏民族，这说明当时的匈奴实力并不比月氏人强大。在送去之后不久，头曼就主动进攻大月氏，希望激怒对方，借他们之手杀死冒顿。幸而冒顿偷了一匹马，连夜逃回了本族。头曼见状，反倒觉得他此举非常英勇，给了他一万骑士作为他的亲兵。

冒顿在训练这支嫡系部队时，特意做了一种叫做"鸣镝"的箭矢，射出之后，在空中长啸不已，十分引人注目。他下令道：尔等见我鸣镝所射之处，并力射之，有违者斩！于是先从打猎鸟兽开始，他带头以鸣镝射击，没有及时跟上补射的全部斩首。一段时间之后，他又用鸣镝故意射自己的坐骑，虽然之前已加以调教，但毕竟这次射的是冒顿心爱之物，骑兵里又有犹豫不决的，也被当场处死。如此，他的这批亲兵逐渐变得冷酷、果决，唯他之命是从。他便再试着用鸣镝射杀自己的爱妻、父亲头曼单于的爱马，左右无不迅速跟从，万箭齐发。

时机成熟，冒顿终于开始了复仇的行动。他趁跟随父亲狩猎的机会，冷不防用鸣镝对准父亲的方向一箭射去。左右追随的亲兵训练有素，也毫不犹豫，纷纷放箭，将头曼单于当场射杀于马下。随即，冒顿清洗了父亲后妃、兄弟和旧臣中的不服从者，自立为新一任的匈奴单于。

这个记载在《史记·匈奴列传》里的故事可能有夸张的成分，比如冒顿从大月氏逃回之后，一直想加害于他的父亲竟然轻易放过他并委以重兵，就多少有些不合理了。冒顿也是匈奴史上已知的唯一一个通过杀死自己父亲即位的单于，很难说究竟是因为父子的恩仇，还是他个人野心的驱使。

"冒顿"一词的含义，现在已不太确切可考，有学者认为是"勇猛"之意。不管是否，这个词倒的确和他有几分相配。

在他的父亲头曼单于时代，匈奴处于在夹缝中生存的窘迫状况。东面有强大的东胡民族，西面有之前所说的大月氏民族，南面则被秦国的蒙家军打得落荒而逃，一路北撤。这个时候，冒顿取代了他，仿佛一个天生的强人被派来拯救匈奴衰弱的命运。

冒顿杀死父亲的那一年，恰好是陈胜吴广起义之年。这一年，蒙恬已死，中原也开始陷入全面大战的混乱之中，秦国守护北境的长城军大多被调走去镇压起义，无形间给了匈奴崛起的机会。

冒顿收拾的第一个对手是东胡族。

东胡族听说他弑父自立，并不清楚这个对手究竟实力如何，派了使节来求千里马，或许是想试探一下冒顿的态度。

冒顿顺势问群臣的意见。

群臣表示：宝马不可轻易送人，应该予以拒绝。

冒顿却道：怎么可以因为一匹马而坏了两国之间的情谊呢。便派人把千里马交给使者带回。

东胡见冒顿示弱，不久又来求他的一名阏氏。

群臣怒不可遏，认为东胡无礼至极，分明是得寸进尺，如不严词拒绝，匈奴族将颜面尽失，纷纷请求立刻与东胡开战。

冒顿却又笑笑道：怎么可以因为爱惜一个女子，而绝了两国邦交呢。又将宠爱的阏氏送去。

东胡王见状愈发认为冒顿性情卑懦，连他父亲头曼单于都不如，不禁态度骄横起来，不久又派人来求匈奴靠近东胡的一块荒地。

这次群臣却都表示一块空地而已，赠人也无所谓，也许是前两次的外交，让他们都觉得冒顿心中对东胡存有畏惧。

出人意料的是，冒顿对着臣下大发雷霆，他暴怒道：土地，乃国之根本，怎可轻易与人，敢言可送者，立斩无赦！

冒顿因此亲自上马，发兵攻打东胡。东胡一直以来都因其隐忍的态度而轻视匈奴，防备不严，一战之下，溃不成军，竟如此被灭国。残余的东胡族人往东潜逃至乌桓山和鲜卑山附近居住，逐渐演变成后来的乌桓族和鲜卑族，一直要到数百年后的东汉末才略有起色，进而骚扰中原。

而冒顿携大胜余威，又西击大月氏，将其部族赶至西域更远之处。继而匈奴又击败善射的娄烦民族，继续南侵，夺回了大部分当年丢失给蒙恬的领土。

无论是勉力支撑的秦帝国，还是一心争天下的楚汉双雄，都无暇北顾迅速扩张、铁骑肆虐的匈奴。所以仅用十余年的时间，匈奴就在冒顿手里，变成了北方最强大的游牧民族，并即将成为汉朝接下来百多年里最可怕的一名对手。

这样汹汹的对手，对于刚刚建立、根基未稳的汉帝国来说，犹如一只舐血逼视的饿狼，令刘邦时时刻刻如坐针毡，难以久安。

战，还是守，是个头疼的外交问题。

第二十五章　平城之困

　　和匈奴作战，并不是一件简单的事情。

　　这不仅仅是民族之间的利益争夺，而且是两种生存方式的碰撞和磨合。

　　刘邦一方代表着中原的农耕文化，百姓以城市、村落为单位聚集在一起，开垦农田，种植粮食，等待丰收。在这样的文化里，"安居"是一个很重要的生活诉求。也就是说，只要没有战争、灾害、动乱的骚扰，百姓祖祖辈辈都会生活在自己的耕田附近，开枝散叶，形成宗族。在中原文化里，"离乡背井"是一个形容悲惨遭遇的词汇。而中原足够多的耕地是维持这种生活的重要保障。

　　而匈奴的游牧文化则完全不同。他们生活在北方的草原和荒漠里，根据季节和气候的变迁，随时跨上马背，徙居到水源更充足，牧草地更茂盛的地方。这种生活方式让他们更多地依赖老天的恩赐；在无法得到足够的补给时，就只能四处去掠夺。这正是匈奴不断骚扰西域和中原的原因。

对于中原边境的人民来说，很难忍受这种时不时的劫掠。辛苦一年的耕种，眼看着要收了，匈奴的马队一阵风地赶来，烧杀抢夺，将粮食洗劫一空，边民或被屠戮，或被绑架去做奴隶。在掠夺完毕后，匈奴又一阵风地走了，仗着马快，转眼连人影都不见。即便周边的郡县想要支援，也鞭长莫及。

防守不是办法，进攻也不见得有什么好处。北方荒漠之大，匈奴又随时更换定居点，在不知道敌人在何处的情况下，贸然出击，只是白白浪费军费而已。而且匈奴生活的地方，对中原王朝来说，实在是如同鸡肋，因为无法进行开垦，也就意味着无法迁徙人民到那里长期生活和驻守，即使得来，也只能弃之不顾。

还有一个更重要的原因让主动进攻变得难上加难。

在汉初，中原军队的战斗力和匈奴相比，有着不小的差距。这种差距是兵种不同带来的。中原军队的组成，以步兵、步弓手和战车为主。而匈奴则善于马上作战，骑射一流，匈奴族里甚至连女子都可以上马射箭。两者之间，机动性悬殊。对于汉军来说，败，难以逃亡；胜，则不利逐北。在很多年后，汉武帝之所以能对匈奴发起剿灭战，也正是因为准备了足够多的马匹和骑兵，弥补了这一差距。

但刘邦深思熟虑之后，还是决定要试一试。一方面，匈奴已经侵入到北方的边境，守边的将士支撑不住，多有叛降。面对如此挑衅而不还击，他这新即位的天子颜面何存？另一方面，中原的军队久经反秦、楚汉之争的历练，人人善战，正好趁余威尚在，可堪一用。万一承平日久再用兵，恐怕人心更不愿离家万里被驱使着走上战场。

还有一个好消息，可能也是促成刘邦出兵的原因。他得到谍报：冒顿单于亲自领兵在代谷这个地方。在很长一段时间里，确定单于的位置都是汉朝用兵的一大难题。现在冒顿送上门来了，正好可以擒贼擒王。

为谨慎起见，刘邦先派了斥候去打探匈奴的虚实。不打听还好，一打听又是好消息不断。使者接二连三回报，说是见到的匈奴士兵，都是老弱病残，马匹也瘦弱不堪，可见正是剿灭匈奴的好时机。

刘邦还是不放心，又派了一名叫刘敬的使者先去继续打探。然后汉军三十二万大军，分成几部小心翼翼往匈奴的方向赶去。

大军才行至半路，就遇上慌忙往回赶的刘敬。

刘敬来不及喘口气，急匆匆阻拦刘邦道：陛下，切勿再前行！

刘邦不解道：为何？

刘敬道：大凡两军用兵，理所当然应该耀武扬威，夸大兵力以削弱对方士气。而臣此番前往，和之前的使者一样，只见老兵弱将，瘦马断枪。匈奴非但不藏其拙，更大方展示，一定是故意示弱，引诱我军轻入，想必早已安排有奇兵埋伏。臣以为此行匈奴万万不可击！

刘邦勃然大怒，下令囚禁刘敬，骂道：你休要在这里妖言惑众，乱我军心。等我取胜回来再治你的罪！

刘邦之所以有如此的反应，很大原因是兵法有云：进易退难。数十万的大军已动，并非轻易就能折返，不想士兵思想动摇。更何况即便匈奴设有埋伏，只要小心前行，也未必就会中计。

在稳定了军心之后，刘邦和先头部队进驻平城县东南十余里的白登台。但汉军的主力尚未赶至，本应在更远处的冒顿却忽然率四十万匈奴骑兵悉数出现，远远地将白登台围个水泄不通。

刘邦做梦都没想到冒顿会来得如此之快，外面的救兵不得至，突围又显然不可能，一时之间急得焦头烂额。

被重重包围的情形他也不是第一次遇见了，几年前在彭城，项羽也将他这样围困过。当时是陈平用女子扮成士兵、纪信扮成刘邦牺牲性命才换得了逃生的机会。而这次，敌兵更多，包围更密，情势更急，他被整整困在白登七日，手足无措，眼看着天子的龙椅还没坐热就要一命呜呼。不知道此时，他有没有想起刘敬苦口婆心的逆耳忠言。

这一次仍然是陈平救了他。陈平派人修书给冒顿的阏氏，请她吹枕边风说情。而据某种说法，修书的内容，是说大汉天子如今被围困情急，打算献美女求和。阏氏怕中原的美女过于漂亮导致自己失宠，于是请冒顿放刘邦一马。修书可能是有的，但内容却像是小说家之言。更大的可能性，是如《史记》所说，汉军的主力已经赶来了，而且有两支本来和冒顿约定好的盟军没有如期赶来，冒顿担心他们和汉军连成一气，所以做顺水人情，有意地放过了刘邦。

刘邦这才得以突围。逃出生天后，他做的第一件事就是砍了前面几个报告军情的使者，同时释放了刘敬，并赐他食邑两千户，封为建信侯。

从牢狱里走出来的刘敬神色从容，仿佛早就预料到了这一结果。这位本来叫娄敬的齐国人淡定地接受了封赏，整整衣裳，准备继续向刘邦说出另一个关于匈奴的外交建议。

第二十六章　齐人娄敬

经过这一次惨败，几乎丧命北方之后，刘邦终于意识到匈奴实力不容小觑，冒顿其人不可轻视。这个对手甚至比项羽更为可怕，据说冒顿"控弦三十万"，三十万能骑马射箭的敌人，在战场上行如风，矢如雨，这样的阵仗在中原平地上是不可能见到的。而且他们出没不定，时来时去，飘忽万里，神秘莫测，刘邦无法做到知己知彼，在兵法上就先输了一筹。

刘邦这时大概明白了为什么强大如秦，仍然要不遗余力地把战国时燕赵秦三国的长城修补连接完整，努力用连亘的高墙把匈奴的战马阻拦在外面。但这项工程并没有完成，匈奴可以通过之间的空余地带侵入大汉边境。

打又打不得，守又颇难守，刘邦只好谋求别的外交手段。

他把眼光望向刚刚从狱中释放，被封为关内侯的刘敬。

刘敬一下看出了刘邦眼中的忧虑，不失时机地道：陛下方克项羽，天下初定。士卒之心皆思安居，没有千里求战之意。而匈奴新君即位，四处用兵，谋求扩张。两国兵势强弱不同，故一交手便有平城之败。可见短期之内，匈奴不能仅以武力征服。

刘邦长叹一声。

刘敬又道：冒顿凶顽，杀父自立，以群母为妻，遍施暴戾于四方，此皆因戎狄习俗不同，故匈奴也不可以中华之仁义来说服。

刘邦越听越担忧，不禁问道：然则如何是好？

刘敬故意卖个关子道：我倒有长远之计一条，可令匈奴世世代代向大汉称臣。只是……

刘邦忙追问道：只是什么，快快说来。

刘敬一顿道：只是怕陛下不肯同意，不愿施行，不舍割爱……

刘邦笑道：果真能奏效，我为何不愿，有何不舍？你快详细为我解说。

刘敬道：如此，请听臣一言。陛下若能将长公主嫁于匈奴单于，并以厚礼随嫁，冒顿知大汉公主身份尊贵，又贪我财富，必娶以为大阏氏，则公主所生必为匈奴太子，将来可代冒顿为单于。陛下每年再厚赏匈奴所缺而大汉多余之财物，趁机令使者以中原礼节渐渐教化。如此，冒顿在世时，必对陛下执子婿之礼。一旦冒顿去世，则公主所生之子为单于，岂有外孙敢与外祖用兵争地之理？这正是不需用兵，即可使匈奴称臣之计。

见刘邦正在思索，刘敬又道：若陛下不忍割爱长公主，也当使刘氏宗亲之女，或陛下后宫一人，假称是公主，嫁于匈奴。否则若令冒顿知道此女身份并不显贵，此计必难以奏效。

之所以刘敬又补上这几句，显然是担心刘邦不忍将亲生女儿送到北方戎狄的苦寒之地去。但他不知道，刘邦当初在落难时，可以三番几次从车上把儿子女儿一脚踢下，送他们去死都二话不说，只是嫁人，又有什么不可呢？

果然刘邦拍着大腿叫道：妙计！如此甚好！

刘邦是舍得，但吕雉舍不得。

自从得知刘邦正操办着把长公主嫁去匈奴之后，吕雉便日日夜夜在他面前哭泣哀求：妾身只有这一儿一女了，陛下怎么忍心将她远嫁匈奴呢？

刘邦对于吕雉，心中还是颇有歉意的。从他起兵反秦起，先是把她留在家乡，数年不见。从汉中东出争天下时，想去迎回，又不小心陷落在项羽军中，颇受凌辱。在长达六年的时间里，刘邦又有了别的宠姬。从吕雉后来没有再生任何子女来看，即便是后来夫妻又重聚，应该也很少能得到临幸了。

刘邦亏欠吕雉的实在太多了，看着她苦苦哀求，也不免心软。

尤其是"妾身只有这一儿一女了"，仿佛还有她被刘邦冷落之意在其中，更令刘邦过意不去。

于是与匈奴和亲的计划，最后变成了一名宫女冒充公主，远嫁冒顿。

回过头来看看刘敬提出的和亲大计，其实是有不少问题的。他起初说匈奴不可以用中华的仁义道德来说服，但和亲计划里又想让使者不断以礼节来循循教化，这是他理论的矛盾之处。刘邦的长公主此时已经嫁给了张耳的儿子张敖，现在再嫁匈奴，这是他理论的违背人情之处。

而和亲计划的实际效果需要从两方面看。短期从表面上看，好像并没有实现预期的愿望。匈奴仍然会在物资缺乏的时候骚扰边境。他们看重的也只是汉朝每年的厚礼，而不是区区一个女子，即便这个女子是公主的身份。只有在匈奴相对实力较弱的时候，他们才会重视通过和亲的关系，来努力和汉朝修好。但从长期的效果看，和亲的确导致在匈奴中产生了亲汉的力量，并且亲汉派和保守派的矛盾日益凸显，成为了匈奴不同势力分化，从内部被不断削弱的重要原因。

第一次和亲的使者，由提出这一百年大计的刘敬担任。

显然刘敬成了刘邦十分信任的亲信。这时不妨把时光前推三年多，让我们看看他是凭什么跻身朝堂的。

当时刘邦刚刚战胜项羽，暂居在洛阳。

当时的刘敬还叫娄敬，是一名齐国人，正要从东方横跨几乎一整个中国，去陇右戍边。娄敬走到洛阳就不愿再走了，他通过老乡，得到了给刘邦献计的机会。

他直截了当地问刘邦：陛下是打算效仿周朝，建都在洛阳吗？

刘邦点点头，还颇有些瞧不起这个穿着羊裘的平民百姓。

接下来娄敬的一番话却令刘邦重视了起来，他道：洛阳是天下之中，交通便捷。周朝兴盛有德时，四方诸侯贡献，一日就可到达。周朝衰亡时，四方诸侯用兵来攻打，也不过一天就到了。陛下现在对诸侯王，是有德呢，还是有实力控制呢？定都在洛阳，是想一天之内就被他们围攻吗？

刘邦吓得一个激灵。因为娄敬明明白白说出了他心里的担忧。

他当时为了争取彭越、英布和韩信合力攻打项羽，承诺捐出关中之地封赏，事后也兑现了承诺。所以在初定天下之后，与其说是汉朝统一了江山，还不如说是和异姓诸侯王分而治之。从汉初的版图上可以看出，东面几乎一半的国土，并非刘邦所能控制。

而这，才是刘邦最大的危机。

他不得不重新审视眼前这个叫做娄敬的齐国人。

第二十七章　定都长安

娄敬咄咄逼人的一番问话，让刘邦因为战胜项羽而生的喜悦顿时烟消云散。是的，项羽死了，他刘邦登基为帝了，但其实情势并没有转危为安。

是因为项羽这个强大的对手的存在，彭越、韩信、英布才会甘心成为他的盟友。如今这个对手不在了，这些诸侯各自据地为王，拥有重兵，难保不生异心，从盟友转变成新的敌人。假如定都在洛阳，一旦诸侯王联手反叛，届时刘邦将会四面受敌，就像当初中十面埋伏的霸王一样。

娄敬显然并不只想提出问题，他是来解决问题的。

他看着忧心忡忡的刘邦，继续道：过去的秦国之地，资美膏腴，乃天府之国，又依山阻河，有天险地利。若纷争骤起，百万之众可召之即来。陛下若定都关中，即使东方祸乱，也可保全秦地以自守。譬如与人互殴，只有掐其咽喉要害，击其后背，方能全胜。陛下居关中，便是扼制住了天下之要害。

这一番话令刘邦心里翻腾起来。尽管娄敬说的不无道理，但毕竟他只是一个无名戍卒，仅凭他的一个建议就兴师动众从洛阳千里迢迢撤回关中，似乎难以服众。这里头最大的一个问题是，刘邦麾下一众将士，大部分都是东方人，当初就是凭着要回到家乡、不愿意老死在关中以西的一股信念，才从汉中拼命杀了出来，现在又要他们听娄敬的，背井离乡重新回关中生活，恐怕并不容易。

刘邦试探性地问了一下群臣的意见，果不其然，纷纷表示反对。当然，他们也不会直言说离家近一点比较好，而是说洛阳也不错啊，又是周朝故都，足以固守。

一时廷上喧闹不休，刘邦沉默良久，喝止众人，这才安静下来。他把眼光望向一个人。

子房，你怎么看？他问。

张良之前一直不动声色，看着刘邦的反应。直到刘邦问出这一句，他立刻明白他的意图了。

张良道：洛阳虽然坚固，但大小不过数百里，田地贫瘠，四面受敌，并非兵家所称用武之国。而关中秦地，东有崤山和函谷，可称天险。西接陇蜀，沃野千里。南有巴蜀，物产丰饶。北有胡苑，方便畜牧。三面可以阻守，独以东面控制诸侯。诸侯安定时，黄河、渭水可运粮灌输京师；诸侯有变时，也可顺流而下，顺势讨伐。这便是所谓的金城千里，天府之国。以臣之见，娄敬所言极是。

张良之善于察言观色，于这一段可谓明白。

他其实一早就知道刘邦心中已经基本肯定了娄敬的意见，否则完全可以当场就打发走这一介草民。刘邦之所以要问群臣，就是担心群臣出于私心不同意。而群臣的反应也印证了刘邦的担心，娄敬的平民身份使得这一建议毫无分量，得不到足够的重视。因此刘邦才转而问他，希望他以军师、以亲信的立场来说出能够令群臣信服并接受的意见。

刘邦也知道此时问张良，张良一定能说出令自己满意的答案。

这一对君臣，向来都特别默契。

当然，张良的答案也并非完全是出于揣摩上意。对于形势的判断，他和刘邦、娄敬都比那些因为私心而短视的群臣要来得准确。

在听完张良的话之后，没有人再敢反对，这些人即便再傻，这时也应该能看出刘邦的意思了。

刘邦干脆当天便启程，立刻西行，进入关中。同时拜娄敬为郎中，赐姓刘氏。

关中的咸阳宫已经被项羽焚烧摧毁，但很快，一座座崭新的宫殿将在不远处拔地而起，一座名叫长安的新都城，将见证一个个新的天下之主和一段两百多年的新的时代。

从战略的角度来说，刘邦建都关中，是为了占据有利的地理位置来对抗关东的异姓诸侯王。为了加强这一战略效果，被赐姓后的刘敬还贡献了另一条计策，那是在他作为和亲使者从匈奴那里回来之后。

他建议，关中因为长期战乱，人口减少，可以把六国之后及各地的豪族大家，纷纷从故乡全部迁徙到关中居住。

这样做至少有以下两个好处：

一、长安的北面离匈奴很近，轻骑一日一夜即可前来偷袭。把这些人迁徙过来，可以放在长安之北作为防御之用。

二、从秦末的动乱来看，六国之后和豪族大家是起义依赖的主要力量，只有令他们离开故土，没有根本可依，才能化解他们的实力，防范再次发生秦末那样的各地混乱。

实际上这样做的效果，相当于提前把有实力的人群从彭越、韩信、英布这些异姓诸侯国内夺取过来，变成自己可以依靠的力量，是为"强本弱末"之术。

这一意见理所当然地再次得到了刘邦的采纳。

高祖九年十一月，一次规模庞大的迁徙行动在帝国的版图上拉开帷幕，无数人拖家携口，舍弃故乡的耕地和房屋，络绎不绝地向关中前进。如果用上帝的视角俯瞰，像是一长队匍匐麻木的蝼蚁。当然，为了避免抵抗情绪，这次迁徙其实是有物质奖励的，这些豪族将得到关中的新土地和新屋舍，开始新的生活。

这次迁徙的总人数超过十万，人群里包括过去齐楚两国的贵族：昭氏、屈氏、景氏、怀氏、田氏等。其中田氏一直是故齐国的王族，人口众多，因此不得不分成八个批次按序进行迁徙。田氏到达关中之后，纷纷改掉姓氏，按照自己的批次，改氏为第一、第二、第三……东汉时的名臣第五伦，就是当年第五批迁徙到关中的田氏的后人。

这里还有个小小的插曲值得特别说一下。

在押送齐国田氏的队伍里，有个临淄的小吏，名叫阑。在跨越半个中国的漫长路途中，他一不小心和队伍里押送的一名齐国女贵族相爱了。两人一合计，决定私定终身，放弃这次任务逃回东方隐姓埋名。

这么浪漫的小人物故事和上面的大政治迁徙相比，自然微不足道，也不可能进入正史。事实上，若不是两千年后，人们在湖北张家山出土的汉简里发现这一案例记载，也根本不会有人知道在残酷的迁徙中，有过一次人性和爱情的抗争。

两人并没有成功逃脱，因为汉简表明：阑最后按照通奸和藏匿罪被判处黥为城旦，而那名女性更没有任何下落。

两只试图反抗试图偏离预设轨道的蝼蚁被帝国毫不费力地碾压了。但在我眼里，这种进不了正史的小插曲也是更真实的人生。

定都关中、迁徙豪族，所有的这些动作，都是出于同一个目的：制衡异姓诸侯王。等到这些动作全部做完，也就是收拾异姓诸侯的时候了。

刚刚散去硝烟的神州，很快又将燃起新的战火。

第二十八章　清剿异己

严格来说，刘邦在定都长安之前，就已经在着手在收拾天下残余的势力。

第一位是最后领导齐国的齐王田横。在韩信定齐之后，他曾一度归附彭越；彭越也明确表示坚定不移地支持刘邦后，田横只好带着部下五百人，逃亡到近海的岛上。

刘邦击败项羽后，尚在洛阳时，就派使者征召田横，希望他放弃抵抗前来投降。毕竟田氏号召力仍在，刘邦担心他长期不受控制，迟早生乱。

田横却战战兢兢，不敢应征。

他对使者道：当时陛下派郦食其来结好，臣因为误会，将其烹杀。听说他的弟弟郦商也在陛下朝中为大将，臣实在不敢应召前往。请陛下赦免我做个普普通通的庶民百姓，世世代代驻守海岛。

刘邦得到使者还报，想了半天，始终觉得放任他一个王室后裔在外徒留后患，还是不如放在眼皮底下严加控制要好。为消除田横的疑虑，刘邦特意告知郦商：齐王田横马上要来，你给我好生看管你的人马，敢有轻举妄动为你兄长报仇者，诛其三族！

紧接着刘邦再次派出使者，征召田横，这次就把条件说得更明确了。

使者传达旨意：田横只要率部下入朝，大者封王，小者封侯。不来，莫怪朝廷举兵剿灭。

这下田横没有办法了，只好带着两名宾客一起乘马车西赴洛阳觐见刘邦。在离洛阳还有三十里路的驿站处，田横停住马车，告诉使者：人臣见天子，应该好好沐浴更衣，以示尊重。请您先行为我禀明陛下，我稍后就来。

使者去后，田横对两名宾客道：我当初和汉王同时南面称孤，如今汉王已经是天子，而我却成了逃亡的俘虏，不得不北面称臣，世间耻辱，莫过于此。且我烹杀别人兄长，如今又要与他共事天子。即使他害怕天子的命令不敢难为我，我又怎能不独愧于心？且陛下之所以想见我，不过是想见见我这个当初的齐王长什么样，你们现在拿着我的头颅去，疾驰三十里，面貌应该还栩栩如生。

说罢，田横当场自刎。两名宾客悲愤莫已，快马加鞭，将首级送至宫中。

刘邦本来期待着一见田横之面，谁知呈上来的却是一颗头颅，再听说田横临终之言，不禁唏嘘不已，令人以诸侯王的规格好好把他安葬。同时拜跟随他前来的这两名宾客为都尉之官。

葬礼过后，所有人都离开了，那两名宾客却留在田横墓旁，在一边亲自为自己挖了墓穴，然后双双自尽。

这一消息传到宫中，刘邦又惊又惧，惊的是田横的部下如此忠义，惧的是海岛中还有如此忠义的五百名田横部下在，于是再次派遣使者前往征召。这五百人应召而来，听说主公已死，全部选择自尽效忠。

时光往后推两千多年，二十世纪三十年代，徐悲鸿做了一副大画《田横五百士》，描绘田横慷慨作别的场面，来号召国人在政局动荡、国家多难时保持威武不能屈的气节。

第二个被收拾的是燕王臧荼。

这个名字看上去很陌生，很没有存在感。这种感觉是对的，这个人的确没有值得一提的必要，主要是被收拾之后刘邦派去取代他的人比较特殊，因此还是简单说一说吧。

臧荼本来只是早期燕王韩广的一名部将，在章邯和王离围困巨鹿时，他奉韩广之命，领了一军前去支援巨鹿，但和其他援军一样不敢进击，直到楚军破釜沉舟解巨鹿之围之后，他就跟随项羽一路西进关中，接受了项羽在灞上的分封。

之前我们也说过，项羽对这批将军的分封办法是让他们回到国内直接接管政权作为新王，然后在国内找个偏远地区处置旧王。

这当中自然有不服从的旧王，所以灞上的分封过后，实际上各国的新旧王交替很多都是靠暴力来完成的。

燕国就是典型之一，旧燕王韩广表示坚决不服项羽这一任命。这是很容易理解的，你项羽不过是楚国的将军，而我本来就是王，爵位高过你，你封赏我手下的将军臧荼就已经很过分，怎么还有资格来命令我呢？

韩广拒不离开，那怎么办呢，臧荼就领兵攻打。这时也顾不上旧主恩情了，臧荼击杀韩广，实际掌控了燕国。

再到韩信灭赵国、定齐国之后，臧荼畏缩在东北角落里，向韩信俯首称臣。在垓下之战里，他还派遣了战斗力极强的骑兵来帮助刘邦围攻项羽。

但从关系上来说，他算是投诚过来的项氏旧部下，始终令刘邦无法安心。

刘邦定都长安之后，很快就以"造反"的名义亲征臧荼，仅用了两个月的时间，就将其俘虏，把燕地收归己有。

臧荼的孙女叫臧儿，臧儿有个女儿叫王娡，嫁给了汉景帝，生的儿子叫做刘彻。

刘邦在任命新的燕王时，他选择了那个关系极为亲密的、同年同月同日生在同乡、又一起长大一起游侠的铁哥们儿：卢绾。

我为什么觉得这个任命值得讲呢，是因为这意味着：此时，刘邦其实对天下诸侯王究竟该刘姓还是异姓，并没有十分在乎，只要是沛县嫡系、信得过的，对于刘邦来说也未尝不可。

除此之外并非亲信的诸侯王，就没有那么好的运气了。

韩王信（另一个韩信）我们之前也略略提到一点，他也算是当初韩国的王室后裔，一直跟随张良。在刘邦东出争天下时，他平定了韩地，因此被封为韩王。

这个韩王信人品上有个污点让刘邦很忌讳，在楚汉相争时期，他曾因战败投降过项羽，尽管后来又归顺，但忠诚度显然值得怀疑。加上他雄壮勇武，韩国又在腹地，离长安近在咫尺，刘邦左思右想，觉得放如此一人在肘腋之下实在寝食难安，便要求他从旧韩国的故土上，迁徙到北方防备匈奴。知道自己被陛下猜疑，韩王信犹豫再三，选择了投降匈奴，不久被汉军斩杀。

虽然下场凄惨，他至少还有自由选择的权利。

等待立下不世之功的韩信和彭越的，才是真正的悲剧。

第二十九章　鸟尽弓藏

有一件事情，发生在刘邦反秦起事的早期。那时他刚刚站稳脚跟，想要攻打周边地界，派了一个叫雍齿的人替自己守卫故乡丰邑。谁知他前脚刚走，雍齿就关了门投降魏国，让刘邦恨得咬牙切齿。这件事或多或少影响了他对麾下功臣的信任度。

一统天下后，他对长安以东诸侯王的戒备心到达了顶点。因为这时，他的年龄已经五十开外，到了所谓知天命的年纪。

"天命"是什么？

起自布衣、终灭暴秦算不算天命？经营中原、击败项羽算不算天命？定都关中、号令诸侯算不算天命？

忧心忡忡地东望神州的刘邦知道：他的使命还远远没有结束。

虽然他已贵为天子，但假如这时以函谷关为界南北画一条线的话，整个东方超过帝国一半以上的领域远非他所能真正掌控。以韩信、彭越、英布为首的诸侯王们拥有自己的王国,享有当地的税收财富,运行着自己的官僚系统,身边则环绕着只忠诚于他们的卫士和军队。他们名义上奉刘邦为天子,礼仪上保持适当的尊敬,实质上则是共有天下。

他们对刘邦的表面臣服关系是在楚汉战争期间建立起来的,共同的敌人项羽使他们之间有了共同的利益。一旦敌人不存在了,这种关系里面就会自动裂变出新的敌我矛盾来。刘邦活着的时候,还能保持平衡,一旦他驾崩,换上了新的年幼的天子,对诸侯王既无恩情、又无威望,臣属关系则一定会被打破。

除非这些诸侯王和新天子之间仍有恩情可言,这就是刘邦决心以刘姓宗亲逐个取代异姓诸侯的原因。

韩信是刘邦最不放心的一个。

前面我们分析过,他任命韩信为大将军是不得已为之,自那开始,他对韩信是既重用又提防。比如,派嫡系曹参跟随韩信征战,名为辅助,实则监视。比如,在韩信取得赵国后,刘邦很快就顺势夺取他的兵权,命他出征齐国,不让他以赵地作为根据地自我发展。在韩信前往齐国的路上,又派郦食其游说齐王,很难说不是在压制韩信立功的机会。

击败项羽后,刘邦故技重施,第一时间出其不意赶到韩信军中,收取他的兵权,改封他为楚王,再次把他从才建立起来的根据地齐国赶走。

尽管已经如此戒备,刘邦仍然放心不下。半年多以后,他召集群臣,拿出一封信示众。

有人上书告密，称楚王韩信意图谋反。刘邦边说边颇带深意地看着臣下。

是不是真的有这么一封信、韩信是不是真的要谋反已经不重要了，重要的是众将知道这至少是刘邦内心真正的担忧。于是下面七嘴八舌地表态。

韩信这小子太过分了！

是啊，胆大包天，他以为他是谁！

没错，请陛下速速发兵，剿灭这狂妄的家伙！

刘邦看着这些情绪和态度浮在脸上的将军，面无表情，一声不吭。

直到所有人都发现不对，安静下来，他才扭头问陈平道：你怎么看？

这次刘邦没有问张良，张良自从到了长安，就称病在家，一直闭门修道，甚少露面。

陈平不答反问：有人告楚王谋反，楚王自己知道了吗？

刘邦摇头。

陈平又问：陛下的精兵能敌得过楚兵吗？

刘邦道：敌不过。

陈平继续问道：陛下你看满朝将军，用兵能有及得上楚王的吗？

刘邦道：也没有。

陈平道：那就是了，发兵攻打楚王，那不是逼着他更快谋反吗？且陛下兵不如楚精，将不及楚王能，我看是危险了。

此言一出，刚才提议发兵的将军们面面相觑，冷汗直冒。

陈平见状，笑笑继续道：天子自古就有巡游天下，会和诸侯的说法。陛下只消宣告四方，称自己要出游云梦，令诸侯在楚国西界的陈县集合迎接，韩信必然不设防备。等他谒见陛下时将他擒获，不过是一个力士就能胜任的事情，又何须兴师动众呢？

刘邦这才长出了一口气。

等到天子出游的消息传到楚国，韩信心里也不免有些犹豫，一方面他并不觉得云游有什么阴谋，另一方面他也知道刘邦一直对自己怀有疑惧，他在想趁这次谒见时献点什么特殊的礼物，以让刘邦感觉到自己的忠诚。

两个月后，从长安出发的天子巡游队伍浩浩荡荡地来到了陈县。

韩信捧着一样东西，毕恭毕敬地上前拜见刘邦：陛下南游云梦，亲临鄙境，臣荣幸之至。臣特备薄礼以奉，敬望陛下笑纳。

刘邦问道：哦？是什么礼物？

韩信打开礼盒，赫然一颗人头。他道：这是当年项羽麾下猛将钟离眛，逃亡在我境内，我知陛下日夜担忧，四处求购他的首级，故此奉上。

不得不说，在战场上用兵如神的韩信，在政治手段上实在是太幼稚了。他满以为献出项羽的旧部下就能显示自己的忠心，消除刘邦的疑虑。可一个兵败逃窜的亡将钟离眛算什么呢，地方千里、拥兵百万的他自己，这才是最令刘邦日夜担忧的。

只听刘邦一声令下，两旁的武士瞬间上前，将捧着礼盒、一脸愕然的韩信擒获。

愤恨的情绪瞬间袭上心头，韩信动弹不得，只能狠狠地道：俗话说：狡兔死，走狗烹；高鸟尽，良弓藏；敌国破，谋臣亡。如今天下已定，我也到了该死的时候了。

休怪我心狠，是有人告楚王你谋反。刘邦嘿嘿笑着，掩饰尴尬。

出乎韩信意料的是，他并没有被处死。刘邦只是剥夺了他诸侯王的爵位，降为淮阴侯。侯与王最大的区别是，侯虽然有自己的食邑，可以拿赋税，但没有领土可以治理，没有私人军队，也就对中央没有了军事上的威胁。

这样的处置说明，起码在这个时期，刘邦对帮助过他的功臣还留有余地，只要解除他们的武装和根据地，他就满足了。

但韩信的内心自然是极度失衡的，他无法接受这样不公的待遇。论能力，诸将无人能敌；论功劳，他取魏、灭赵、平齐，最后垓下十面埋伏围困项羽，用萧何的话"国士无双"来形容他，真的一点儿都不过分。因此自从被降为淮阴侯，他就闷闷不乐，常常称病，很少见刘邦。而且他自矜其能，以和灌婴、周勃等人同等身份为耻。有一次去樊哙家，樊哙毕恭毕敬，跪拜着迎接和送往，谦逊地称：大王光临小臣寒舍，实在荣幸。韩信却甩甩袖子出门，叹道：想不到我竟然落到和樊哙为伍的地步。

韩信的自负、不平、处理人际关系能力之差在这段时间里显露无疑。

　　他有什么可瞧不起樊哙的呢，无论是在灞上劝刘邦冷静、还是在鸿门宴上的表现，都足以证明樊哙既勇武、又理智、且忠诚。再说到和刘邦的亲密，更不是他韩信能比。樊哙担任过刘邦的参乘，也就是战车上保卫刘邦的职责，非心腹不能任之。

　　不仅如此，樊哙还是刘邦的连襟。

　　他的妻子的亲姐姐，就是即将最后决定韩信生死的那个人：吕雉。

第三十章　韩信之死

韩信从楚王被贬为淮阴侯后，抑郁地在长安度过了五年的时光。

虽然仍贵为列侯，但在他看来，却像从人生的巅峰坠落到谷底一样，感觉自己又重新变成了故乡那个不得志的青年。

在这五年里，他冷眼旁观，看着刘邦做了许多事。

比如让叔孙通制定了新的礼仪规则。这个叔孙通，就是当初看秦二世生气，便说陈胜只不过是一帮小盗贼的那位儒生。当年他说完这话就溜出秦宫，历仕陈胜、项梁、楚怀王、项羽及刘邦。在其他儒生纷纷不耻其以谄媚得事人主的行为时，叔孙通笑笑说：你们这些酸腐的家伙懂什么，儒家还得靠我才能存活下去。

刘邦刚即位天子时，群臣因为都是乡间田埂走出来的粗人，没有几个是懂得礼仪的，往往在宴会时饮酒争功，大醉狂呼，最过分的甚至当场拔剑乱舞，毫不检点。刘邦虽然自己也有江湖习气，讨厌繁文缛节，但久而久之，对这种没大没小、不懂尊卑的现象也深恶痛绝。叔孙通借此机会制定了一套简便的儒家礼仪，在得到了刘邦的旨意后令群臣操练。从此朝廷整肃、群臣恭敬悚惧，凡事都依朝仪进行，静穆有序。刘邦终于感受到了高高在上、藐视众生的威严，忍不住赞叹：我现在终于知道天子的尊贵了。

而在下面对刘邦顶礼膜拜、放低自己尊严的那一班臣子里，就有落寞无奈的韩信。

韩信还眼睁睁看着刘邦对功臣一一封赏，攻城略地、身受七十多处伤、武功最高的曹参被封一万户食邑；留守汉中、安定后方、运济兵员和粮食有条不紊的萧何被封八千户食邑；运筹帷幄、决胜千里、最亲信的心腹张良，刘邦特别偏爱，想要给他三万户，张良谦逊地表示只要一万户。

韩信得了多少呢，史书没有记载，但料想应该也不会多过以上这几个人。

在这五年里，韩信还亲眼看着刘邦剥夺了张耳儿子张敖的赵王位、逼反了韩王信、又逼反了另一位在代地握有军权防御匈奴的大将陈豨。

张敖虽然被夺王位，但仗着父亲张耳和刘邦的关系特别好，又娶了吕后的长女，地位暂时还很稳固。韩王信很快被剿灭，刘邦又率军亲征叛乱的陈豨去了。

这些事情并没有令韩信特别在意，他是第一个被剥夺军权的，这些人步他后尘被清理，无非是刘邦巩固实权的一系列手段而已。除了偶尔升起些兔死狐悲的凉意，韩信实在没有特别放在心上。

他仍旧在长安城里过着他安稳而颓废的生活。

这一日，他像往常一样窝在家里，准备百无聊赖地过完一天，忽然门人报：萧相国求见。

韩信赶紧叫人相请，自己更衣正冠。无论如何，对于萧何萧相国，他还是感激于心的。毕竟当初自己能从一名项羽麾下刚来投靠的小军官，脱颖而出成为大将军，领兵立功，都有对方力荐的功劳。

萧何面露喜色地走了进来，他带来的是前方战场传来的好消息。

据他说，陛下派来的使者，回京传达了汉军已经击败叛军、诛杀陈豨的捷报。满朝文武纷纷相贺，吕后正准备大摆筵席，邀请大家去庆功呢。

韩信听完却有些犹豫。论理呢，他作为汉臣，的确应该前去；不过论情呢，眼见又一位当初的功臣身死，他似乎又确实不太能高兴地起来。

他以身体不舒服为由拒绝了萧何的延请。

萧何却道：朝廷击败叛军，您若是不去庆贺，难免不令人生疑。为您考虑，即使身体不适，也尽量去应付一下吧。

韩信想想也是，自己一直为刘邦所忌惮，此次萧何作为恩人和故知特意前来通知，可能就是希望借此机会让自己再度表明一下忠诚和清白，令陛下消除疑虑，自己若是不去，反而显得很不领情似的。

想到这里，韩信赶紧换上朝服，备好车马，一路前往宫中。

那一夜长安城里马蹄哒哒，像是一声声催命的咒语。

很快，从前线凯旋途中的刘邦就听说了韩信与陈豨暗通消息，企图谋反，已被吕后擒住诛杀的消息。

刘邦听到这一消息的第一反应，是"且喜且怜之"。

"且喜"很容易理解，韩信的威望和被贬后的怨恨，始终是汉朝廷、尤其是万一刘邦驾鹤西游之后的一大隐患。

而"且怜"就比较复杂和值得思考了，为什么刘邦会同情韩信之死呢？惋惜他的能力当然是其中一个原因，正如之前陈平所说，满朝将军包括曹参、周勃、樊哙、灌婴在内，没有一个领军作战可堪和韩信相比。这五年里，刘邦刚刚吃过一次奇耻大辱的败仗，即被匈奴围困在平城，假如那次换成韩信为主帅，不知道结局是否会有不同。但刘邦又决计不敢这样做，所以韩信的能力像是一个烫手的山芋被捏在他手里，吃又不是，扔又不是，左右为难。

除此之外，刘邦的同情还说明了另一个问题，即韩信之死本来并不在他计划之内。

我们不妨来看看这四个人：韩信、张敖、韩王信、陈豨。前两者都只是剥夺了军权，降为侯爵。这应该就是刘邦最初的设想，只要没有威胁了就可以。而韩王信和陈豨都是有反叛的确凿行为的，这才得以征伐和诛杀。

也就是说，刘邦本来并没有打算杀死韩信，至少在这时还没有，但吕后吕雉却私自行使了这一主张，至于是什么目的，我们后面再说。

随之问题也就出现了，无缘无故杀死一名功臣、一名列侯，总要有些理由吧。

加在韩信身上的罪名是：私通陈豨，意图谋反。

具体来说情节是这样的：说陈豨从长安领命去往代地掌兵前，韩信就和他约定理应外合谋反，等陈豨真叛乱后，韩信又在长安谋划攻击吕后和太子。一切都部署好了，只等陈豨的线报。

读历史时，有一些细节需要特别注意，比如无论在哪个朝代，说到谋反，凡是只用"谋"、或"欲"字，而无任何实迹的，基本都不是真的，而是栽赃嫁祸的多。后面我们还会有例子。

韩信这里也是，假如他真和陈豨早就有约，此时陈豨已经叛乱了，刘邦都亲征了，他只是在城里袭击吕后和太子，还需要等什么线报呢？假如他真有此预谋，还怎么可能如此轻易就应吕后征召不带任何防备就进宫赴宴呢？

成败一知己，生死两妇人。

当韩信被夷灭三族、临终前感慨"岂非天意"的时候，不知道那个推他上拜将台、又邀他入死地的知己萧何，心里有没有闪过一丝愧疚。

第三十一章　储位无争

如果说燕王臧荼、韩王信、陈豨之死只是令人心生寒意，那韩信之死则真实地震撼了其他诸侯王，如梁王彭越、淮南王英布之流的内心，令他们惶惶不得自安。

在这些功臣被诛杀后，他们的国土纷纷被封给了刘姓子孙和沛县元老，哪怕再愚鲁，也应该能看出刘邦的目的何在。

彭越无法不恐惧，论功，他不及韩信；论亲，他不是嫡系。恰好他刚刚又做了一件错事，在刘邦亲征陈豨时，希望他随军出征，他推辞身体有病，激怒了刘邦。为此他寝食难安、辗转反侧，最后终于决定亲自去请罪道歉。

刘邦顺势将他拿下，和对付韩信如出一辙，称有人告他意图谋反，废为庶人，并令其离开根据地梁国，到蜀中居住。彭越途中遇到吕后，一把眼泪一把鼻涕地希望她向刘邦求情，准许自己回到自己当年起兵的老地方。吕后一口允诺，回头却劝刘邦斩草除根,以免后患。

于是韩信的尸骨还未寒,彭越也被夷灭三族,他被做成肉酱遍赐诸侯,以示震慑。

几个月后,淮南王英布正式起兵谋反。

和韩信、彭越被栽赃不同,英布是正经地向刘邦宣战。当初刘邦东出被项羽打得落荒而逃,不得不以关东之地为赏收买这三人,用当时人薛公的话来说:此三人者,同功一体之人。如今其中两人已死,英布在其中又因为是项羽旧将,本身信任度就极低。几乎想都不用想,接下来刘邦要对付的人,就是他了。

与其像韩信、彭越那样坐而待毙、束手就擒,不如因势利导,反客为主。

英布的反叛,无疑是出于自保。

而等到他也战败被杀,刘邦也终于把曾经捐出去的东方土地全部收回,重新牢牢地掌握在了刘姓和嫡系的手里。

衰老的刘邦这时才在真正意义上掌有秦始皇打造并遗留下来的帝国,而著名的《大风歌》也就作于他亲征英布并取得阶段性胜利的时候。

"大风起兮云飞扬,威加海内兮归故乡,安得猛士兮守四方!"

你看这个"守",恰恰是他此时的迫切需求,只有等到韩、彭已死,英布将亡的时候,他才能真正对帝国的领土用到"守"这个字。

除此以外,他还有最后一个问题需要解决:谁来继他之后,为帝国这艘大船掌舵。

帝国的继承人据说是在两个可能的人之间选择：吕后的儿子太子刘盈，以及宠姬戚姬的儿子赵王刘如意。

在刘邦亲征英布的时候，太子十五岁，赵王十一岁。

目在前传世版本的史书里，这段故事耳熟能详：刘邦似乎有意更换太子，嫌刘盈太过软弱，觉得刘如意更像年轻时的自己。只不过因为群臣的反对，加上张良给吕后出主意，请出隐居在商山四皓辅佐刘盈，才终于坚定了刘邦不改立太子的决心。

其实这段记载是有很疑问的，史学家吕思勉先生很早就提出过质疑，认为商山四皓的说法根本就是小说家之言，跟儿戏似的，只不过他没有进一步详尽地去驳斥。

尽管吕先生没有展开细说，但我们从《史记》就能看出不少矛盾之处。

比如，照《史记》所说，在刘邦有意试探群臣对改立太子的态度时，有一名叫周昌的元老表示坚决不同意，且语气十分强硬。他是这么说的："臣口不能言，然臣期期知其不可！陛下欲废太子，臣期期不奉诏！"周昌和韩非子一样，有些口吃，因此在情绪激动的时候，把一个"期"字就能表达的意思连说了两遍。后来有个形容说话不流利的成语"期期艾艾"，有一半就是说的周昌。

在上面的故事里，周昌是旗帜鲜明地站在太子刘盈这边的。但紧接着《史记》又记载了另一件事：因为周昌表现得很硬骨头，于是刘邦将他派去担任赵相，保护赵王刘如意，且明确说明是"忧万岁之后不全也"，担心自己死了以后有人对刘如意不利。

这个举措是非常能够表明刘邦的意图的。

满朝难道只有一个周昌硬骨头？假设刘邦真有意传位刘如意，为什么不选一个又硬又拥护刘如意的人去保护呢？偏偏选了明确表示支持太子的周昌，恰好说明刘邦在以这样的安排来暗示戚姬和刘如意，不要再做其他妄想。

而"忧万岁之后不全也"这句话，以及吕后之后对戚姬和刘如意的怨恨则表明，戚姬母子俩确实是参与了储位之争。

从这样的局面以及历朝历代的相似事件来看，不难得出结论：表面看是储位之争，其实内中还有朝臣派系之争。朝中的功臣们在当时一定分成了两派，一派以沛县元老为主，他们因为亲疏关系，不仅坚决支持吕后和太子，而且暂时在朝堂里占据着显赫的地位；而另一派则应该是非嫡系功臣，他们和刘邦夫妻没有那么亲密的乡情，所以只有通过支持戚姬和刘如意，才能在刘邦死后排挤沛县元老来获得上位。

周昌就是沛县元老，所以他的站位在意料之中。而刘邦选他为赵相，既是表明支持太子的立场，同时也有调解两派以免引起政治内斗的意图。

刘邦对太子刘盈的明确支持不仅仅在此处。

英布叛乱时，刘邦的身体已经因为衰老每况愈下，所以他最初选择了让太子亲率大军出征。

这是个什么举动呢？当自己病入膏肓，却把军权交给太子，无疑是极大的信任。而且这一任命，目的正是打算让太子建立军功，免得自己身后他无以服众。刘邦的苦心吕后是知道的，但吕后却因为谨慎劝阻了这一次行动。她只有这一个儿子，这个儿子是她最大的政治筹码，不可以让他在战场上发生任何意外。吕后甘愿让太子放弃立功和掌军的机会，恰恰说明她知道太子的地位是稳固的，继位是顺理成章的。

刘邦自己硬撑着领军亲征，在临走前，又做了一件事。

他叫来同样已经衰弱不堪的张良。两个相知多年、几乎没有任何猜嫌的好友和君臣四目相对，老泪纵横。

张良关切地劝刘邦：老臣论情论理，都该随陛下一同出征，只是身体已经不堪车马颠簸。英布所率的楚人，剽悍矫捷，臣伏请陛下不要亲自出阵和他们交锋。

一向运筹帷幄的他此刻什么计策都没有献，只是发自内心地关心刘邦的个人安危。

刘邦听得也一时感怀，无语凝噎。

张良道：陛下离开京城之后，请让太子掌控关中的卫兵，以控制后方根本。

刘邦也点头道：子房你虽然老病，看在我的份上，还请尽量为我辅佐好太子。

说罢，大军迤逦东行。

因为刘邦自己也没有把握能不能活着回来，所以最后这句话隐然有托孤之意。

如果说刘邦只信任一个人的话，那这个人必然是张良。他对张良的情意很特殊，汉初三杰里，韩信攻取北方和东方，萧何在后方坐镇大本营，只有张良因为"体弱，不能带兵征战，只能跟着出谋划策"，陪在他身边的日子最多。而刘邦也只有对张良几乎是言听计从。张良的战略部署也从没令他失望。

所以刘邦在封赏张良的时候体现出了感性的一面，萧何起初只有八千户食邑，给张良时刘邦却说：齐地最好，你自己挑，我给你三万户！

而张良的回答更感性：不用三万户，我只要留县那一万户，那里是我最初与陛下相识的地方。

有不少人以为刘邦此言是在试探，而张良此答是明哲保身。或许张良是的，但刘邦真的不需要试探，因为张良的身份特殊，他是没有实权、没有军队的，他始终只是刘邦最亲密的心腹。

这一问一答，我更相信是君臣难得的无间，是刘邦在战场上逐渐对功臣们筑起的防备圈里残存的一点游侠尚义之风。

而刘邦对张良的信任和托孤，也再次印证了刘邦对太子人选的坚定。

击败英布的半年之后，六十二岁的刘邦带着一生的伤患在长乐宫溘然长逝。但帝国的车轮，从始皇帝到他完成了交接，还将继续滚滚而行，碾压众生。

第三十二章　三杰落幕

最后让我们来理一理汉初三杰的最后一位，作为本册书的收尾，也作为全套书的一个中场休息。

这个人自然便是萧何。

萧何是汉初三杰里比较特殊的一个，对于刘邦来说，张良是心腹，韩信是心腹大患，而萧何介于两者之间。

同样在刘邦带出来的沛县团伙里，他也是最特殊的一个，其他如樊哙、曹参、夏侯婴等人，刘邦都可以当兄弟一样无所顾忌，但和萧何，还略有一些尊重和距离感。

他们之间的交情，应该在刘邦还是游侠的时候就开始了。当时沛县还属楚国，而刘邦在偶像信陵君、兄长张耳的感召下，也任侠乡里。这样的生活自然不可避免地要在违法边缘试探，而萧何作为沛县主吏，经常庇护着刘邦。再到沛县被秦国拿下，在法家理念下，游侠生活被禁止，人到中年的刘邦只好也去考试当了亭长，顶头上司正是萧何。刘邦鞍前马后地跟随，对萧何的尊重和距离感应该都是这段时期逐渐巩固起来的。

反过来在萧何眼里，这位属下也有些矛盾。一方面他欣赏刘邦的人格魅力，在刘邦负责押送本县刑徒时，别人都送三百钱，他独独赠送了五百钱。另一方面他又觉得刘邦有时喜欢吹牛，不切实际，所以他也劝吕后的父亲吕公慎重地结交刘邦。但这种认识应该随着后来起义的进程改变了，看起来，所谓的不切实际只是因为小小的沛县拘束了刘邦的大志。

陈胜起义后不久，萧何和曹参作为沛县衙门的两位主要当差，就开始和县令一起商量反秦。反秦需要兵力，萧何和曹参适时地进言：听说当年的亭长刘邦，押送犯人去徭役时，因走失了一部分人，所以现在他带着剩下的人躲在山里呢，我们可以叫樊哙去把他的一百多人叫回来。

之所以叫樊哙去召回刘邦，是因为樊哙是刘邦的连襟，肯定知道刘邦的躲藏之处。而萧何和曹参知道得也这么详细，可见平时也没有少和刘邦暗中联络。

等到刘邦带着人马赶到城外，县令反悔了，他决定反秦肯定是要趁机捞个功名，这时他可能忽然意识到刘邦手中有兵，一旦进城自己就没戏了。但后悔已经来不及，城内都是刘邦的亲信、当初做游侠时结交的兄弟，很快就杀死县令，开门放进刘邦和一百多手下。

论身份，这时萧何和曹参都比刘邦要高，但起义军首领的位置还是交给了刘邦。从《史记》的说法来看，是萧何和曹参怕起义万一失败后担责。但并非没有其他因素在其中，比如刘邦庞大的亲友团和兄弟帮的支持。

从起义开始，萧何一下子从刘邦的上司变成了臣属，这种心态的转变需要他们两个人共同来调整。

对萧何的内政能力，刘邦是绝对放心的。当年萧何曾在秦国治下年终考核时得过全郡第一，有调入中央任事的机会，他自己放弃了。所以刘邦在当汉王后东征，其他兄弟都带在身边征战，只把萧何留在后方负责政事，而萧何也果然不负所托，把户籍、人口、赋税整理得井井有条，保证有源源不断的军粮和兵力输送给前方的刘邦，甚至把当地的少数民族板楯蛮等征发到了前线。

不过长居后方也让萧何逐渐处于危险之中，刘邦在疑心方面不算是特别过分的，只是和项羽的战局僵持，总会担心后方是不是会生变，更何况对萧何虽然敬重，但两人其实从来没有推心置腹。

萧何的后半生除了料理政事，剩下的所有时间，都在竭力化解刘邦的担忧。

汉王三年，刘邦在前线频频地派遣使者问责萧何，萧何赶紧把家族中老小能打仗的全部送了过去，以示没有异心。这一举动令刘邦十分放心，后来论功时想起也大为感动，说诸位功臣，你们最多也就每个家族出两三人随我出征，只有萧丞相，举族出力，功高莫比。

十一年，刘邦在外平定异姓诸侯王，萧何在关中协助吕后诛杀了韩信。刘邦在归途中又惊又喜，马不停蹄派人封赏萧何，又派了五百人守卫相府。萧何知道刘邦忌讳功臣间的党争和内斗，这五百人说是守卫，但一旦有变，就可能变成剿灭自己的武士，于是辞掉封赏，反而捐出自己的财产来支援前线作战。刘邦终于又放下一颗悬着的心。

十二年，刘邦亲征英布，一边打仗，一边不断地派使者回去问：相国最近在干什么呢？相国最近又在干什么呢？萧何听从旁人劝告，开始故意行恶来自毁声名。但即便如此，平定了英布但中箭伤重的刘邦还是在死前给了萧何一个下马威：将他收押关进监狱。尽管很快就释放，至少信号已经传送给萧何了，不要以为你曾经是我上司照顾过我就可以自矜，不要以为你功高我就不会治你。在帝王的天下面前，旧日情分、功劳苦劳都比不上安分做人。

说到底，刘邦始终是对萧何既感恩又有距离感的。还是拿初行封赏那件事来说，他给曹参封了一万户食邑，张良更是可以自择三万户，而名义上号称功劳最大的萧何，最初只有八千户，只是后来才逐渐在各种因素下加了一部分。

在刘邦去世的两年后，萧何也与世长辞。再七年之后，张良也悄然驾鹤西游，至此汉初三杰的舞台最终落幕。

萧何临终前，尽忠做了最后一件事：推荐了私交并不好的曹参继任相国。这是因为他知道曹参征战一生，灭两个诸侯国，取一百二十二县；俘获诸侯王二人，诸侯国丞相三人，将军六人，在刘邦死后不稳的时局里，唯有曹参可以服众。对于那个曾经跟在自己身边鞍前马后、后来对自己既信任又防备的沛县刘季，萧何没有一分亏欠。

主要参考书目：

《史记》，司马迁著，中华书局，1982 年 11 月

《〈史记〉志疑》，梁玉绳著，中华书局，1981 年 4 月

《汉书》，班固著，中华书局

《资治通鉴》，司马光著，中华书局，2011 年 8 月

《剑桥中国秦汉史》，崔瑞德、鲁惟一著，中国社会科学出版社，
1992 年 2 月

《始皇帝的遗产——秦汉帝国》，鹤间和幸著，台湾商务印书馆，
2018 年 6 月

《古代中国文化与历史》，劳榦著，影印本

《秦崩：从秦始皇到刘邦》，李开元著，台湾联经出版社，2016 年 9 月

《秦汉史十讲》，安作璋著，中华书局，2014 年 9 月

《汉高帝大传》，安作璋著，中华书局，2006 年 9 月

《秦汉史》，吕思勉著，中国文史出版社，2018 年 9 月

《哈佛中国史：早期中华帝国：秦与汉》，陆威仪著，中信出版社，
2016 年 10 月

《中国妇女通史·秦汉卷》，彭卫、杨振红著，杭州出版社，2010 年 11 月

《匈奴通史》，陈序经著，新世界出版社，2017 年 5 月

《商君书》，中华书局，2011 年 10 月

《中国历代政治得失》，钱穆著，九州出版社，2012 年 2 月

《中国历史地图集》，中国地图出版社，1982 年 10 月